美麗的佛畫

享受著色的樂趣・加深佛的知識

奧田觀稀 著　小瀧宥瑞 監修

前言

我15歲時就深受寺院和佛像世界吸引。第一次打工存款的旅行，是在高中一年級的夏天，前往京都、奈良的佛像巡禮之旅。對於近距離參拜時，那跨越時代的莊嚴美感帶來的震撼，我至今依舊銘記於心。

我在國高中的學生時代，因無法融入班上，只要休息時間一到，比起待在教室，我總往圖書室跑並沉溺於閱讀佛教相關典籍和稍微艱澀的書籍中。當時還不知道「療癒」一詞，現在想想，當時看著沉穩佛姿的時間，正是屬於我的「療癒時光」。

在長大成為專業插畫家後，因工作關係，長期描繪了許多西洋

題材，這段期間我仍舊喜歡佛像。直到近年，由於父母的離世才開始繪製佛畫。

原本佛畫多出自於信仰，這對很多人來說或許門檻過高，但是佛可為上萬人療癒。與抄經相同，在寺院等地也可以臨摹佛畫。描繪佛的身影可以與佛產生連結，讓心神寧靜，我覺得是很療癒的時光。

希望大家多多利用本書，即使不造訪寺院，也能輕易接觸佛教世界。收錄的作品也以「佛的插畫」，這種較平易近人的風格繪製，媒材也使用可隨手取得的色鉛筆。另外，每一張繪圖都附上簡單的著色要領、解說和小知識等以供參考，希望大家開心著色。

本書收錄了許多佛畫，深深期望各位讀者能從著色中，讓身心獲得療癒。

奧田觀稀

目 錄

工具（色鉛筆）介紹

色鉛筆

40 色組

CARAN D'ACHE 卡達 SUPRACOLOR® Soft 水性色鉛筆

本書使用的色鉛筆為「CARAN D'ACHE 卡達 SUPRACOLOR® Soft」。原為水性色鉛筆（可溶於水當作水彩顏料使用），因為筆觸滑順，顯色度佳，我當成一般色鉛筆著色使用。

市面上販售有12色組、18色組、30色組、40色組、80色組和120色組，也有單色販售，我通常多以單色購買。

120色組（木盒）

12色組、18色組、30色組、80色組

色鉛筆握法與著色方法

長握法

將色鉛筆長握著色，如同將色鉛筆平放握筆，其筆壓較弱。這是想塗出淡色時的握法。

長握持平色鉛筆。

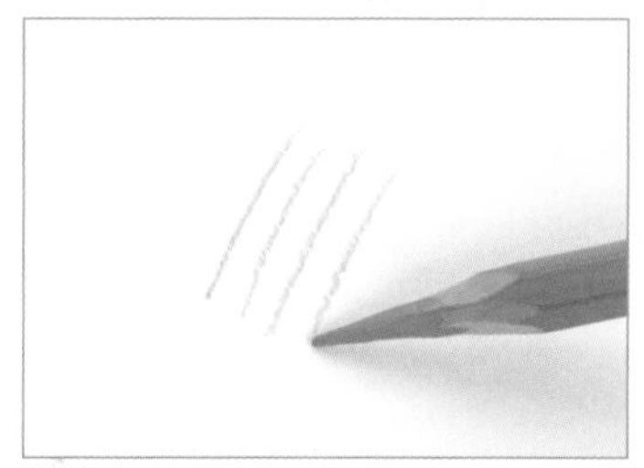

描繪細膩柔和的淡色線條。

筆觸輕柔，可描繪出淡淡的顏色。

短握法

將色鉛筆短握著色，色鉛筆與紙張近乎直角，其筆觸較強。這是想加深顏色時的握法。

短握直立色鉛筆。

描繪粗寬剛硬的深色線條。

筆觸強硬，可描繪出濃郁的顏色。

削色鉛筆

可用一般的削鉛筆機削色鉛筆，我多用刀片削鉛筆。這樣可長時間畫出極細線條，也方便為細節處著色。

用刀片削好的色鉛筆。

使用刀片削色鉛筆時，請千萬要小心，避免受傷。

本書使用方法

本書為了讓大家輕鬆享受著色的樂趣，設計的形式為可對照範本直接在書本著色。
卷末還有「線稿集」，依個人所需可剪下著色，請大家多多利用。

● 著色頁面

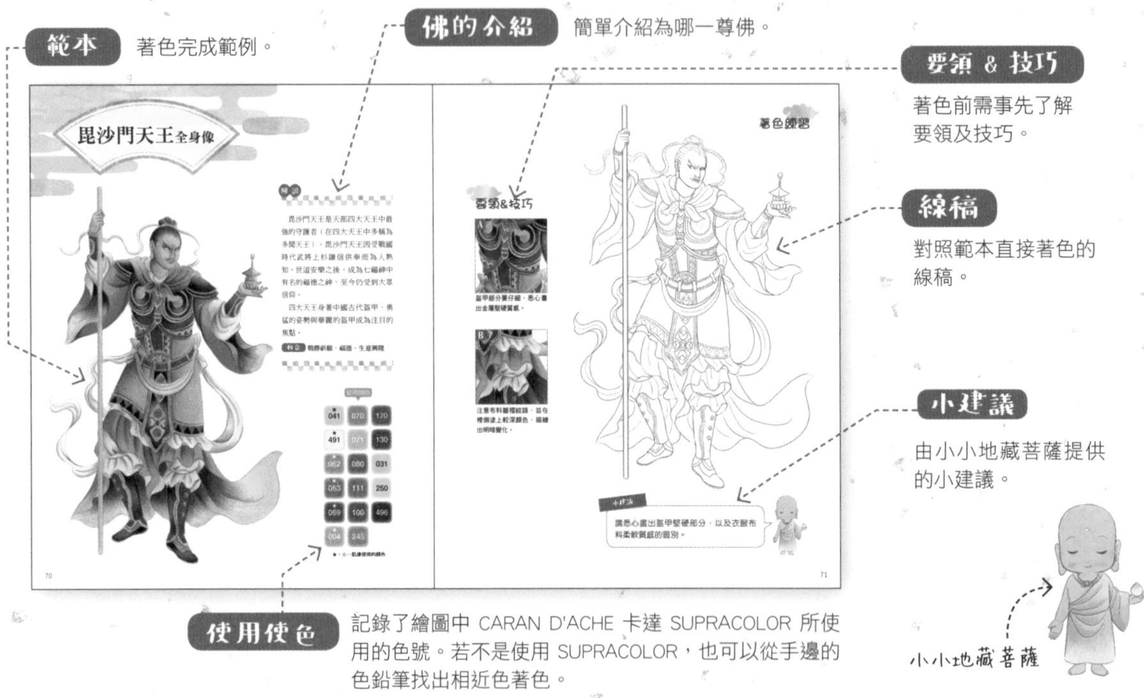

範本
著色完成範例。
佛的介紹
簡單介紹為哪一尊佛。
要領 & 技巧
著色前需事先了解要領及技巧。
毘沙門天王全身像
著色練習
要領&技巧
線稿
對照範本直接著色的線稿。
小建議
由小小地藏菩薩提供的小建議。
小小地藏菩薩
使用使色
記錄了繪圖中 CARAN D'ACHE 卡達 SUPRACOLOR 所使用的色號。若不是使用 SUPRACOLOR，也可以從手邊的色鉛筆找出相近色著色。

● 附錄線稿集

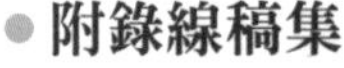

裁切線
依個人所需，可沿裁切線剪下著色。
線稿
對照範本直接著色的線稿。

第 1 章
基本練習

第 1 章從比較簡單的題材開始著色。從佛面、身體、頭髮、眼睛、手部、佛畫等漸進著色，並熟悉佛畫的色彩運用。

製作調色盤

建議63色

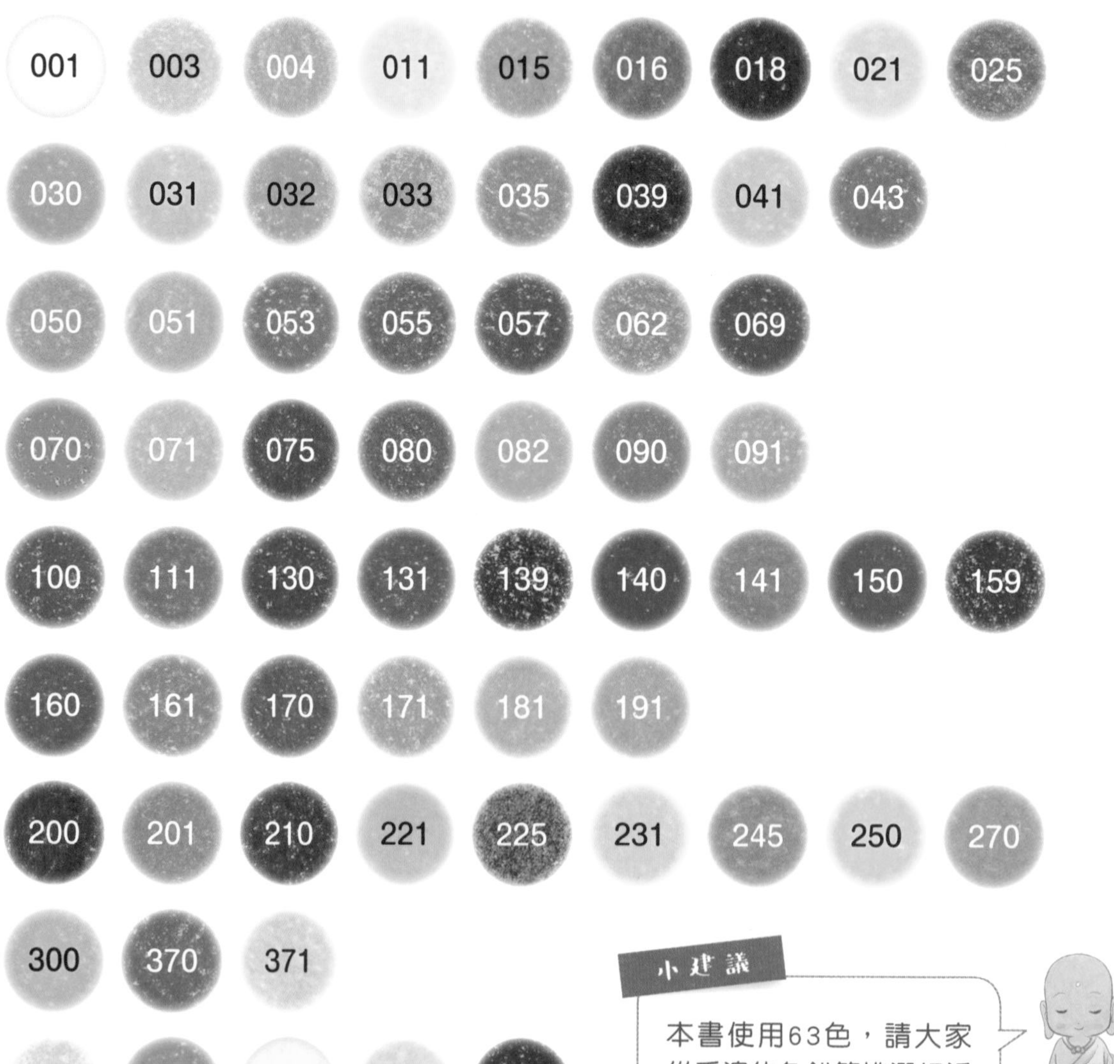

小建議

本書使用63色，請大家從手邊的色鉛筆挑選相近色著色看看。

這是本書使用的色鉛筆調色盤（顏色範本）圖示。請大家先製作以下圖示，以便於下一頁的繪本著色。依照「CARAN D'ACHE 卡達 SUPRACOLOR Soft 水性色鉛筆（p.6）」的色號順序紀錄。若不是使用 SUPRACOLOR，請從自己的色鉛筆中挑選相近色著色看看。

著色練習

001　003　004　011　015　016　018　021　025

030　031　032　033　035　039　041　043

050　051　053　055　057　062　069

070　071　075　080　082　090　091

100　111　130　131　139　140　141　150　159

160　161　170　171　181　191

200　201　210　221　225　231　245　250　270

300　370　371

401　403　491　493　496

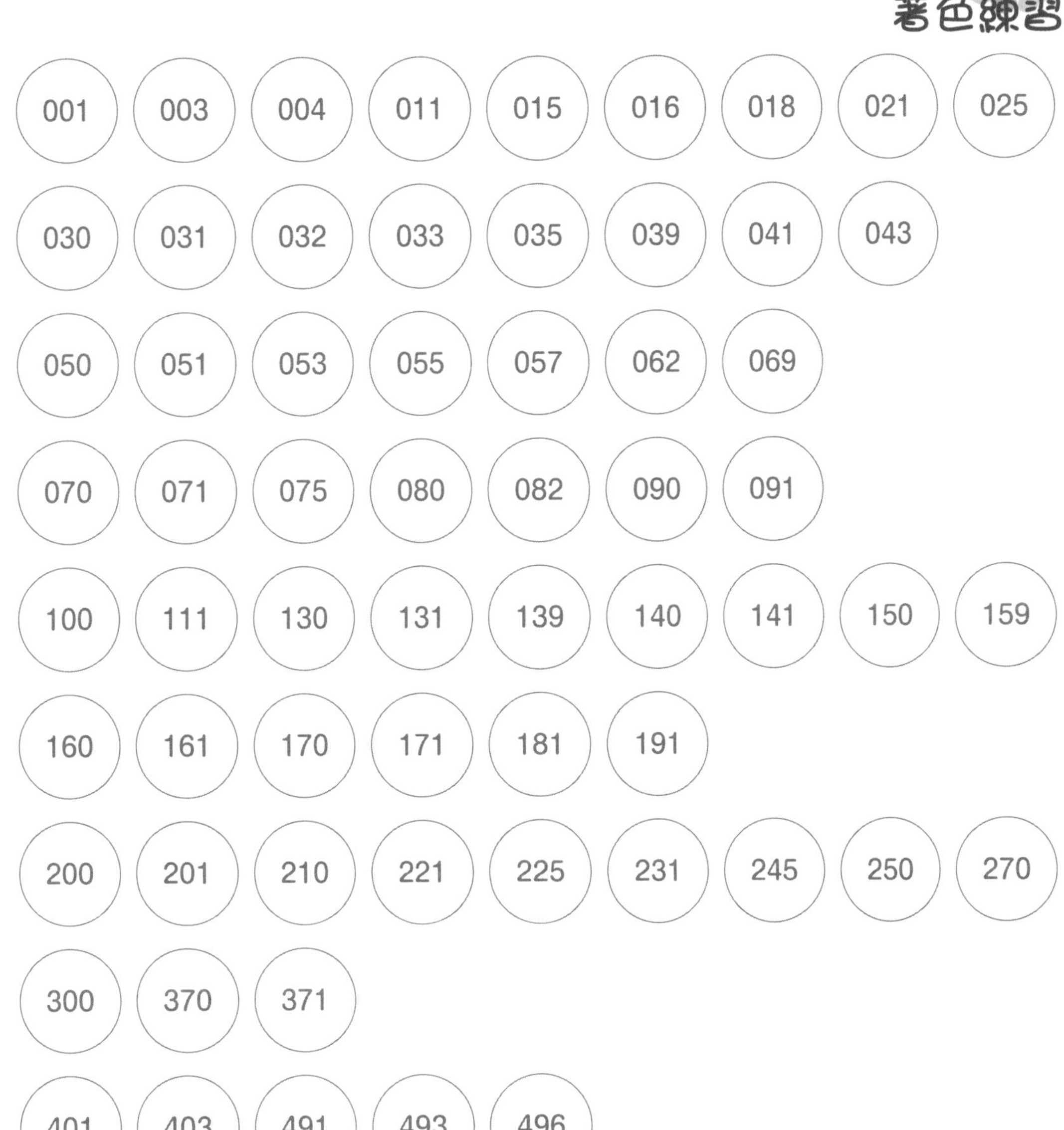

五輪著色

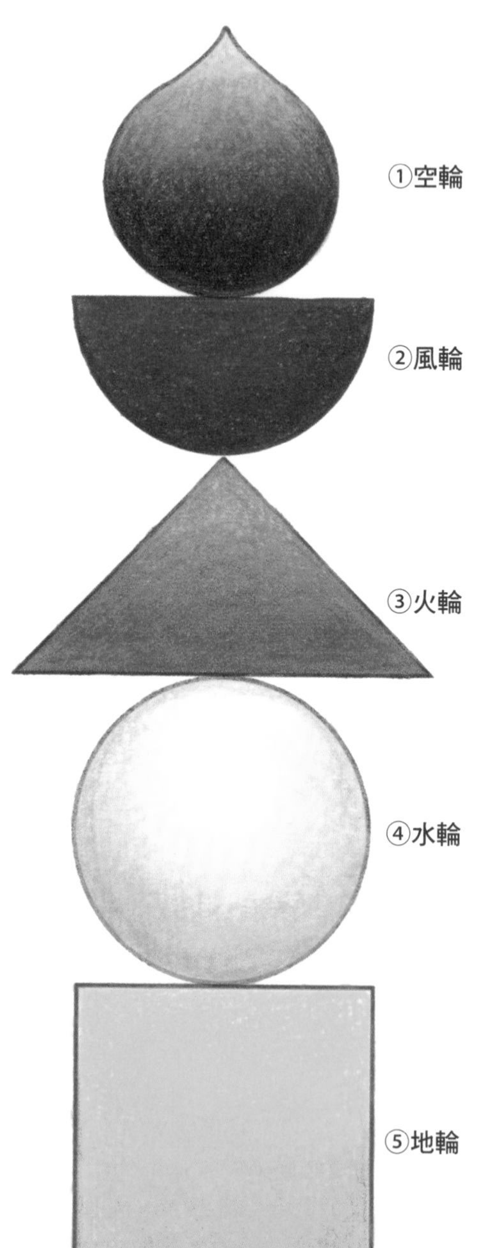

在密教中，五輪為構成宇宙整體的五大要素。

以**①空輪**（寶珠形）、**②風輪**（半月形）、**③火輪**（三角形）、**④水輪**（圓形）、**⑤地輪**（四角形）來表示。

每個形狀分別使用 2 種顏色著色。

①空輪	200	011
②風輪	111	131
③火輪	070	493
④水輪	401	491
⑤地輪	033	250

著色要點

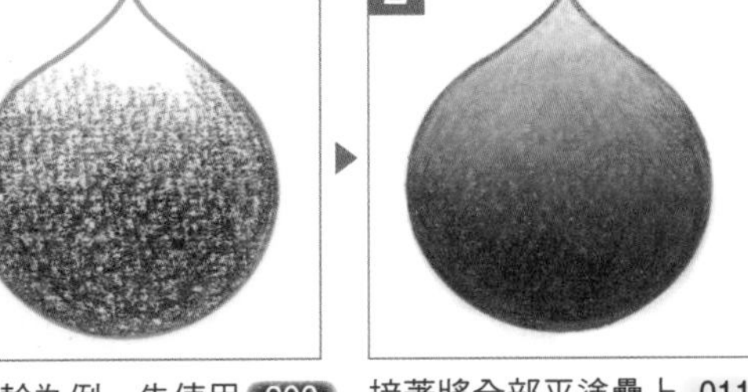

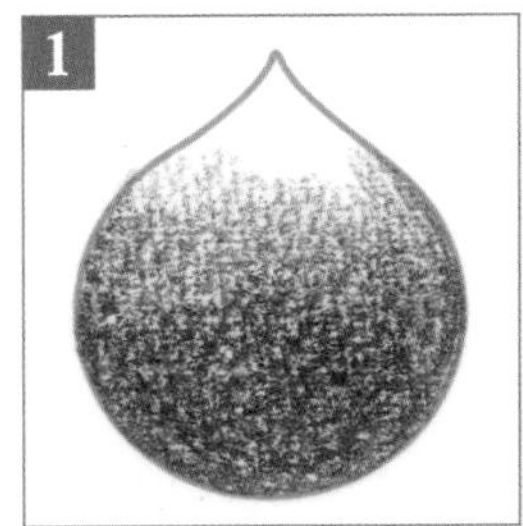

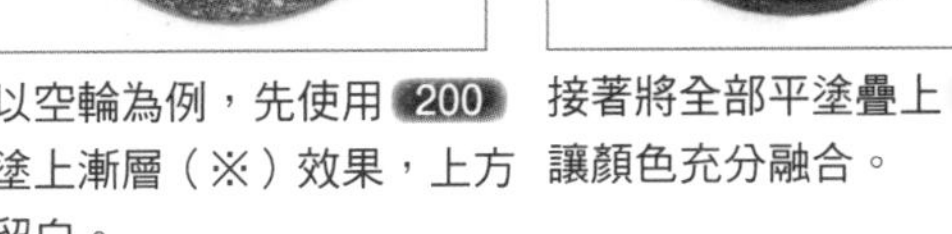

以空輪為例，先使用 200 塗上漸層（※）效果，上方留白。

接著將全部平塗疊上 011 讓顏色充分融合。

※漸層
漸層是指使顏色慢慢自然變化深淺的著色表現。

小建議

題材簡單，卻能用如此單純的形狀定義宇宙。使用的顏色為既定色彩，但也可依照直覺選擇上色。

著色練習

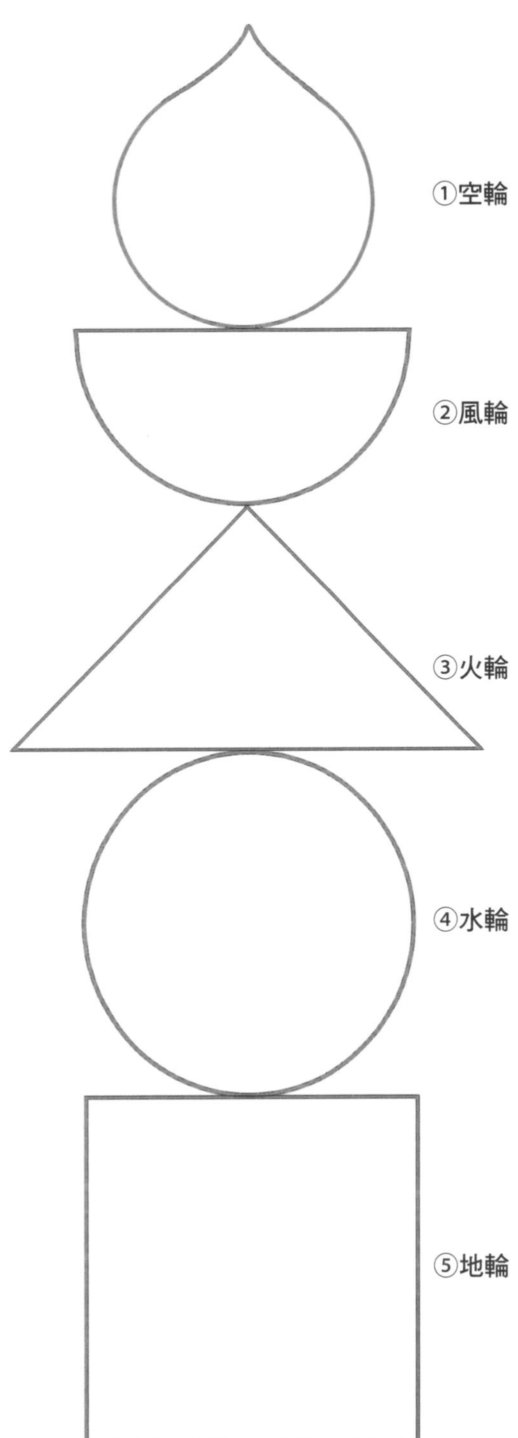

常用混色①

著色練習

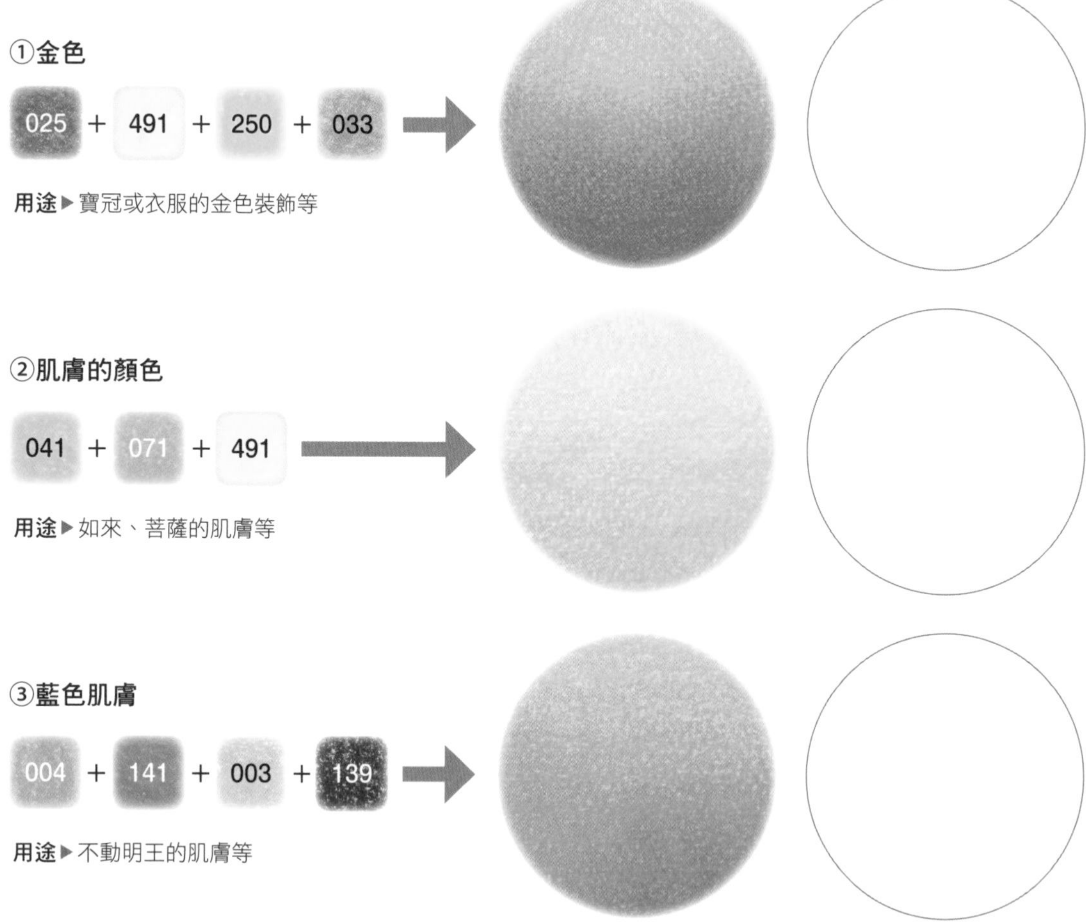

解說

色鉛筆與水彩顏料不同，並不是在調色盤混色，而是利用重疊多種顏色畫出各種顏色。本篇將介紹佛畫中常用的混色範例。

④紅色肌膚

070 ＋ 071 ＋ 491

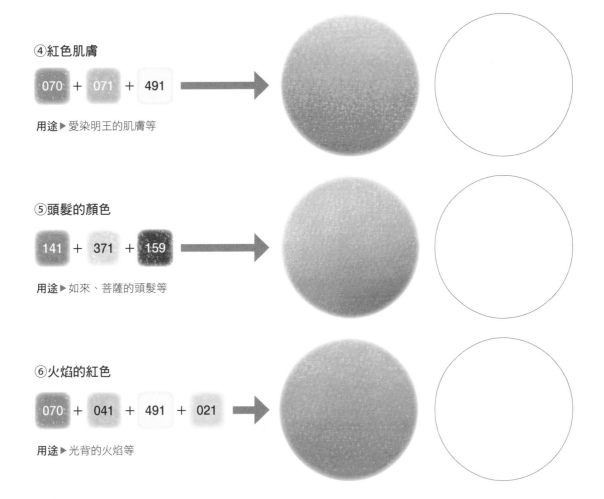

用途▶愛染明王的肌膚等

⑤頭髮的顏色

141 ＋ 371 ＋ 159

用途▶如來、菩薩的頭髮等

⑥火焰的紅色

070 ＋ 041 ＋ 491 ＋ 021

用途▶光背的火焰等

混色方法

①金色著色為範例

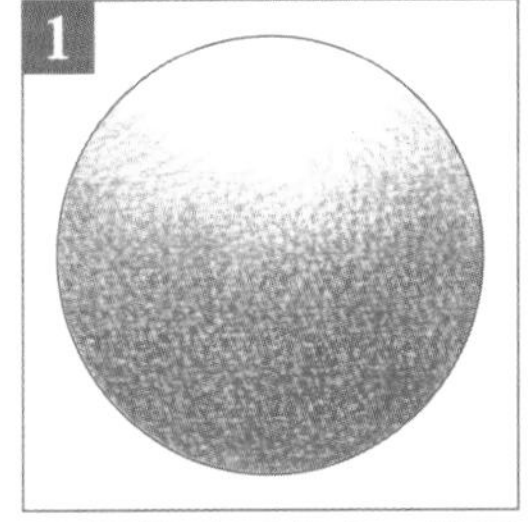

用 025 由下往上，漸層塗滿畫面的 7 成。

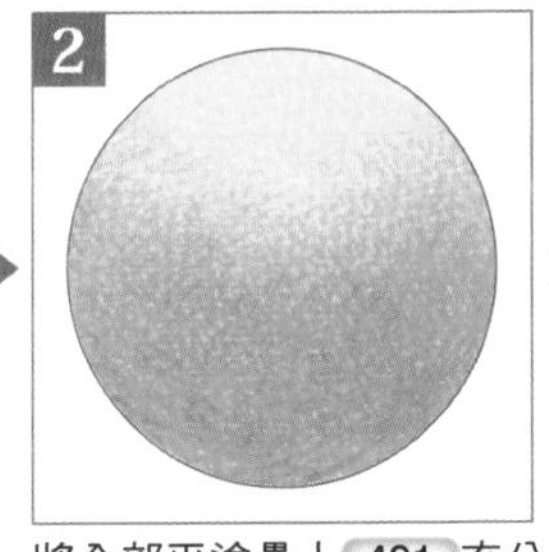

將全部平塗疊上 491 充分融合。

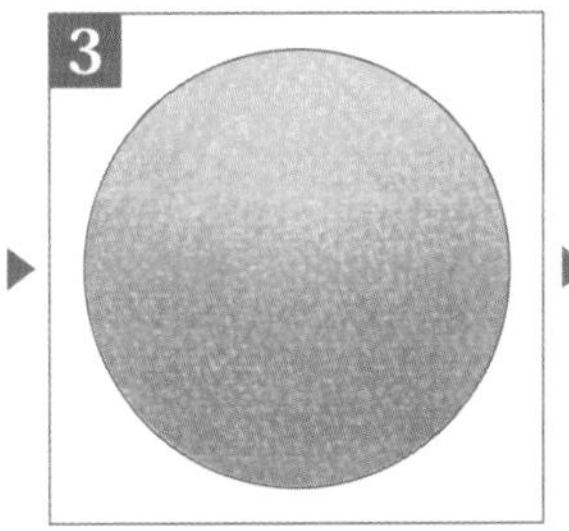

再以 250 均勻疊上顏色。

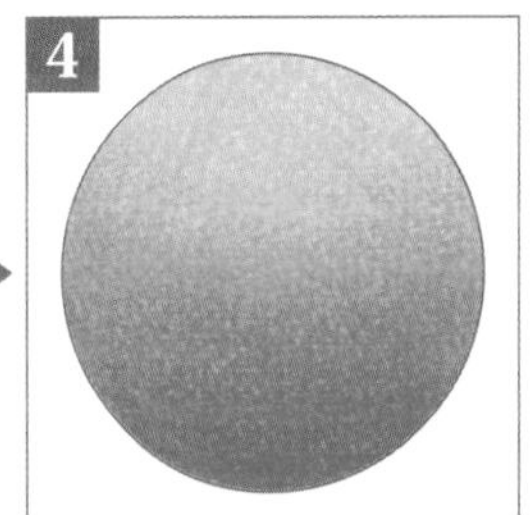

在下方漸層疊上 033 即完成金色著色。

常用混色②

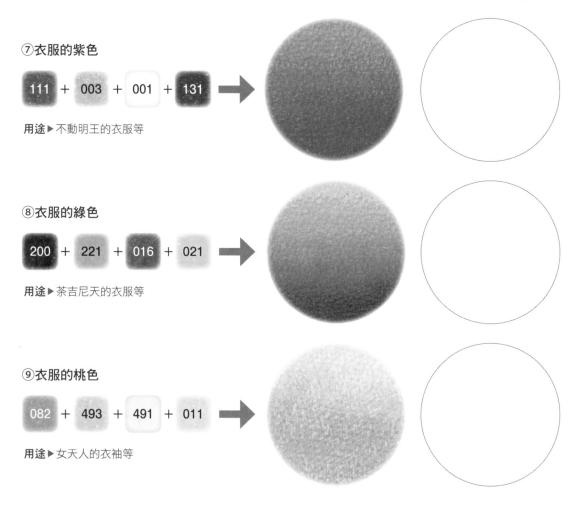

⑦衣服的紫色

111 + 003 + 001 + 131

用途▶不動明王的衣服等

⑧衣服的綠色

200 + 221 + 016 + 021

用途▶荼吉尼天的衣服等

⑨衣服的桃色

082 + 493 + 491 + 011

用途▶女天人的衣袖等

解說

接續前頁，本書將介紹常用的混色範例。改變顏色組合就能調出各種無限的顏色，大家可以試畫看看。

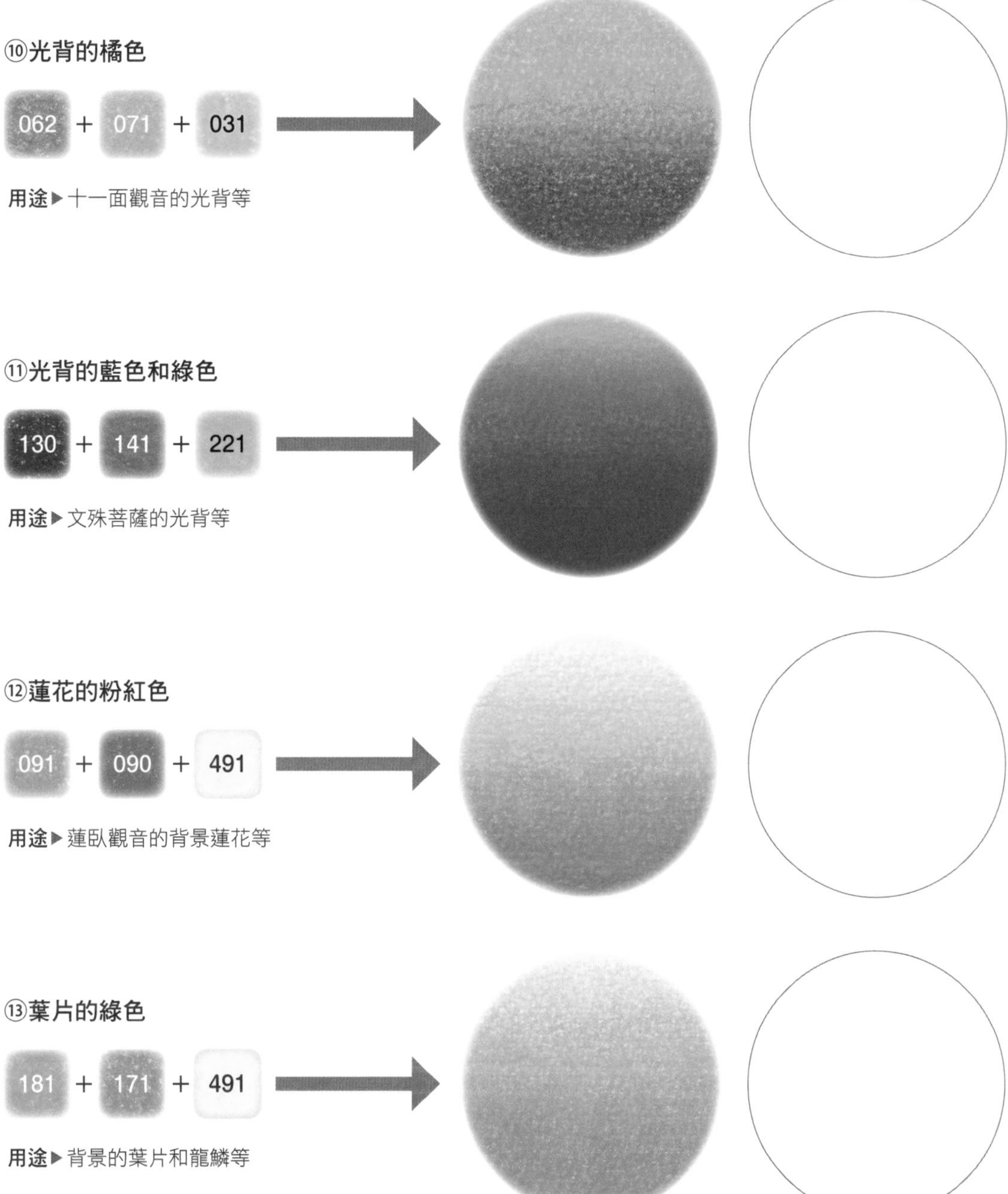

⑩光背的橘色

062 + 071 + 031

用途▶十一面觀音的光背等

⑪光背的藍色和綠色

130 + 141 + 221

用途▶文殊菩薩的光背等

⑫蓮花的粉紅色

091 + 090 + 491

用途▶蓮臥觀音的背景蓮花等

⑬葉片的綠色

181 + 171 + 491

用途▶背景的葉片和龍鱗等

面部著色（梵天）

解說

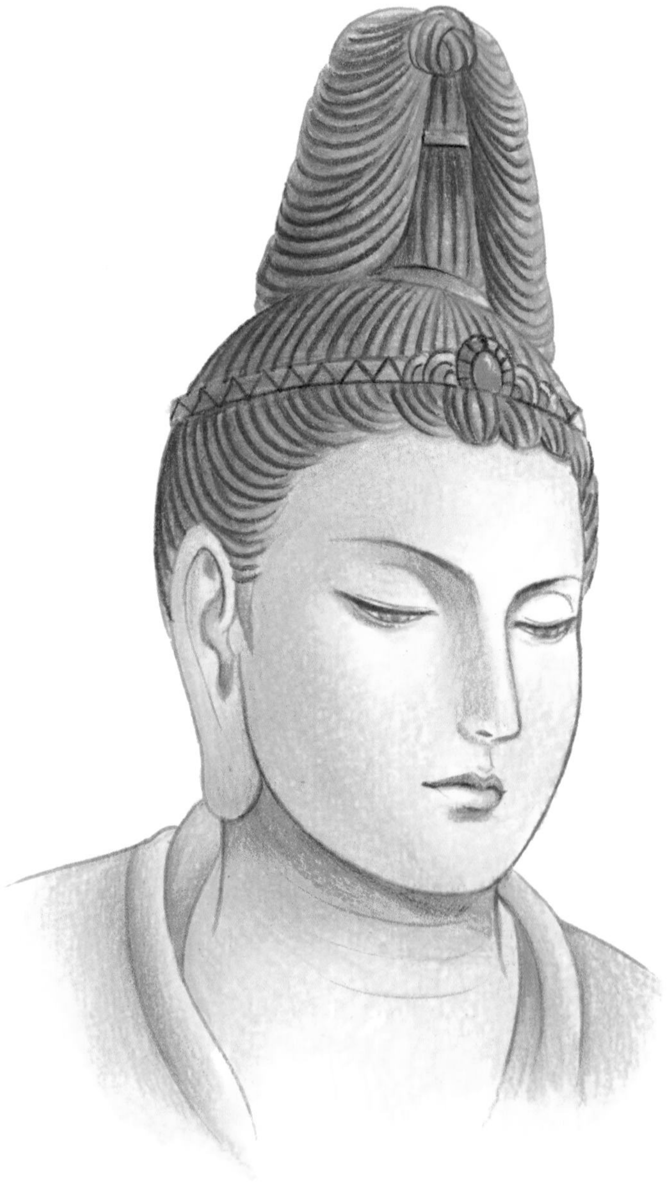

梵天為佛教吸收自婆羅門教的最高神祇婆羅摩，曾勸開悟的釋迦如來廣傳佛教。

密教梵天的形象為三頭面與頂上頭面，範例如興福寺的佛像一樣，描繪成一頭面與高髮髻的樣貌。梵天經常與帝釋天成對供奉。

利益 守護佛法・鎮護國家・創造

使用顏色

★041	141
★491	003
★053	159
★062	025
★004	021
★069	050
	001

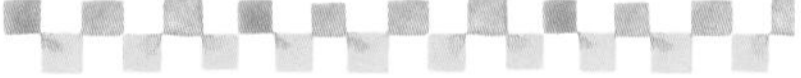

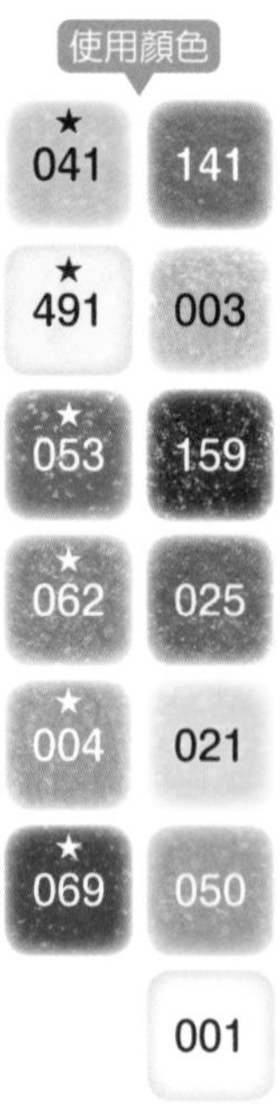

★・☆…肌膚使用的顏色

面部著色方法

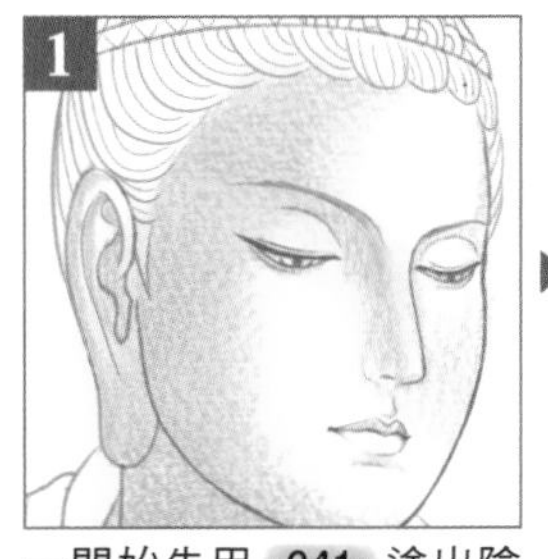

一開始先用 041 塗出陰影，再用面紙擦拭邊界將顏色暈開。

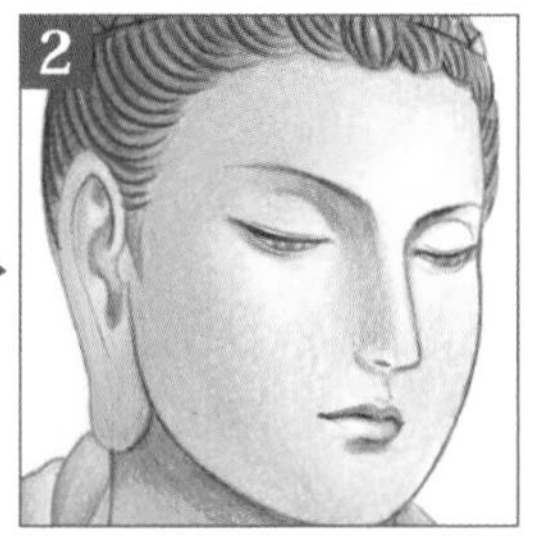

接著用 491 塗滿全部後，再用 053 062 重疊陰影處，並用 004 069 塗在最暗的部分。

在紙張白色處，暈開顏色的界線

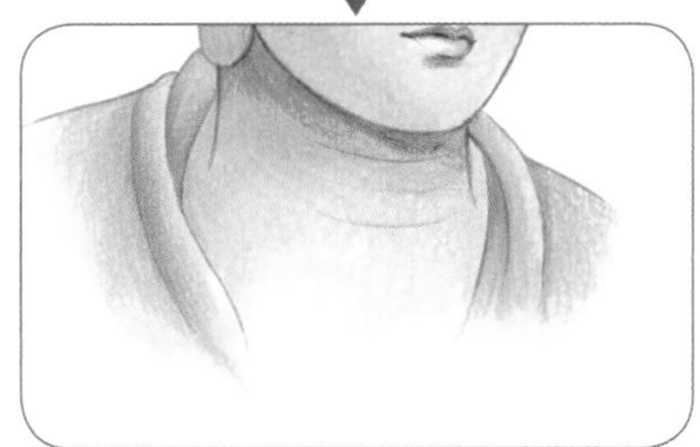

想在紙張白色處暈開顏色的交界時，塗上自然漸層的顏色後，在交界用 001 著色打底，就能得到期望的效果。

著色練習

小建議

側面著色時，留意臉頰到下巴以及鼻子側邊加上陰影，就能呈現立體感。

肌膚著色①
（日光菩薩）

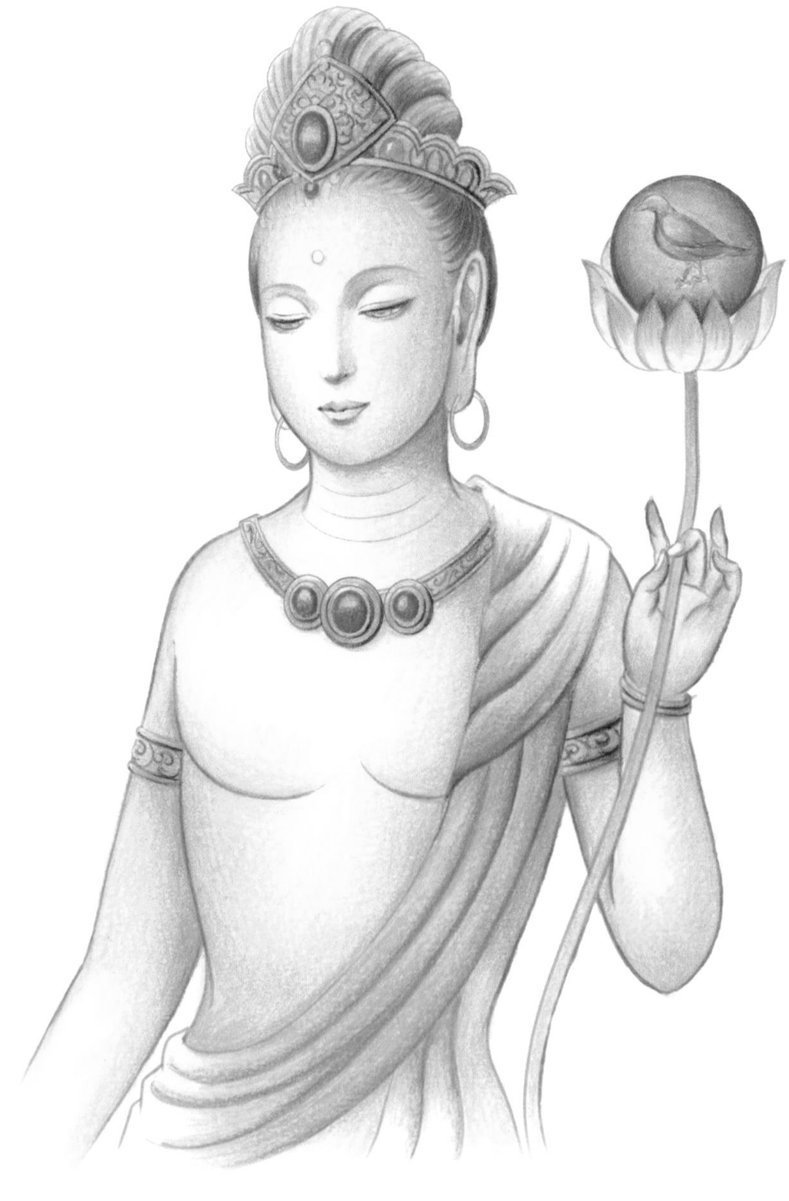

解說

日光菩薩與月光菩薩皆為藥師如來的脅侍菩薩。一般不會以單獨的姿態出現，多以中尊藥師如來、右脅侍日光菩薩、左脅侍月光菩薩的列位，供奉為藥師三尊像。日光菩薩與月光菩薩呈左右對稱的姿態，手中各持日輪和月輪。

利益 除災・健康

使用顏色

★041	★493	140
★491	☆051	111
☆062	☆004	171
☆053	★001	401
☆403	141	033
☆057	371	075

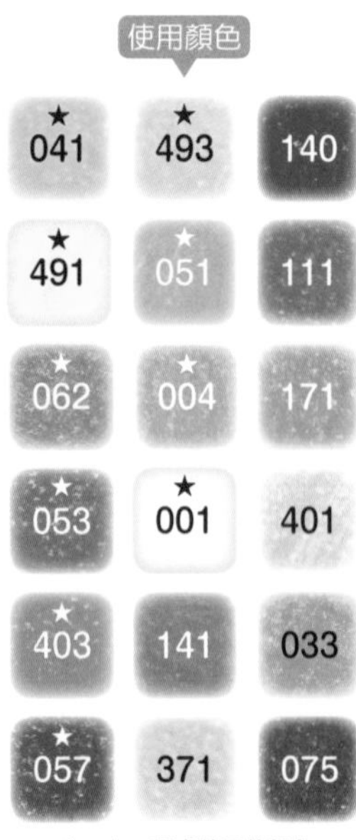

★・☆…肌膚使用的顏色

肌膚著色方法

一開始用 041 仔細塗上陰影部分營造立體感，再用 491 融合全體顏色。

▼

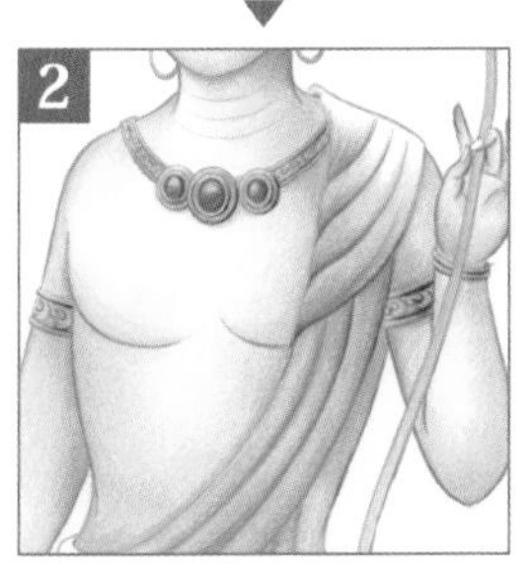

使用 062 053 403 057 4色少量重疊在陰影部分。再用 493 051 加入紅色調，在下巴等陰暗部分加入 004 。最後用 001 塗在最亮的部分即完成。

著色練習

小建議

肌膚用各種顏色少量重疊，提升質感。

肌膚著色②
（金剛藏王權現）

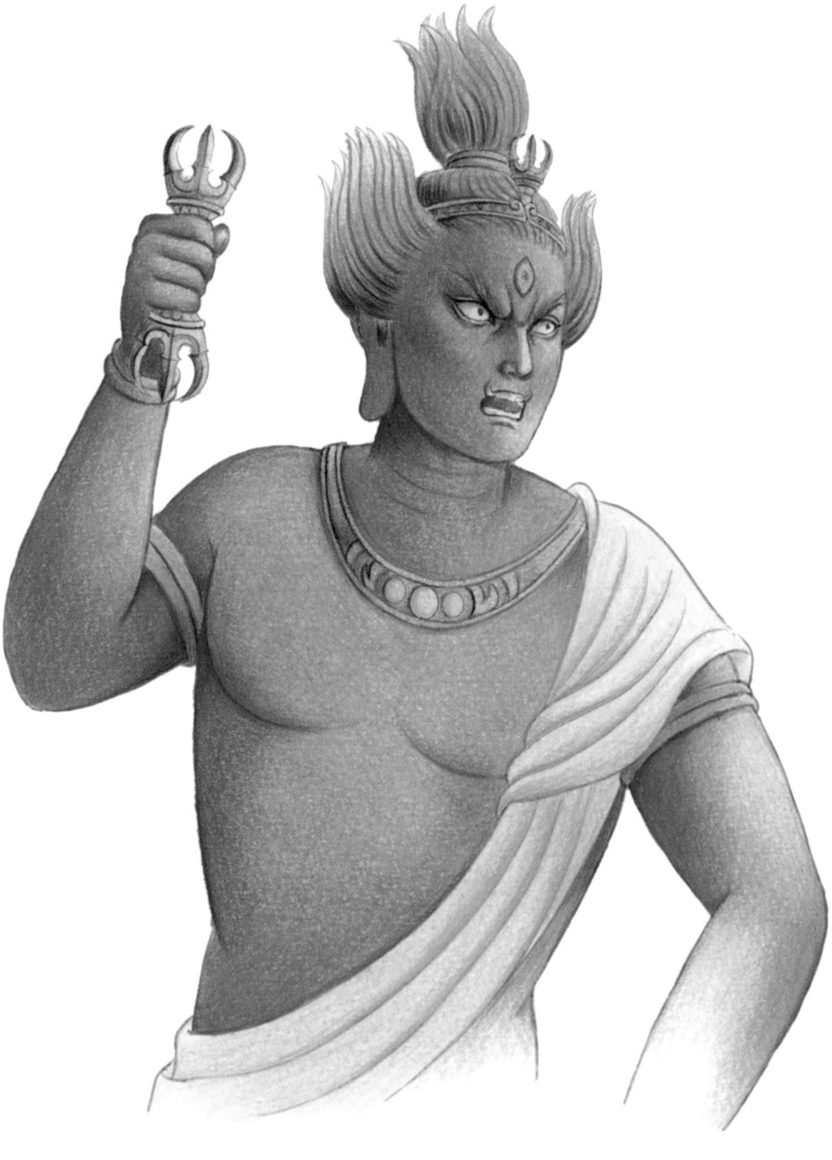

解說

金剛藏王權現並非明王，而是權宜（暫時之意）化現之身的「權現」。權現為日本山岳信仰與佛教的結合，會依修驗者的祈願現身。奈良金峯山寺為供奉藏王權現的修驗道聖地。

利益 全家平安・成就所願

使用顏色

★004	★491	025
★370	★140	057
★161	★159	031
★141	★496	021
★371	★001	043
★401		

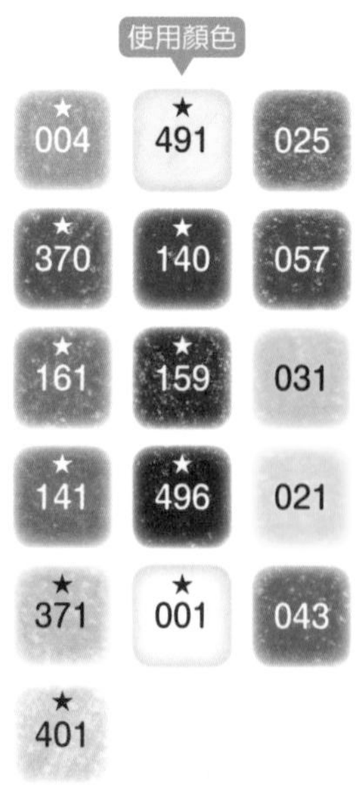

★・☆…肌膚使用的顏色

著色練習

肌膚著色方法

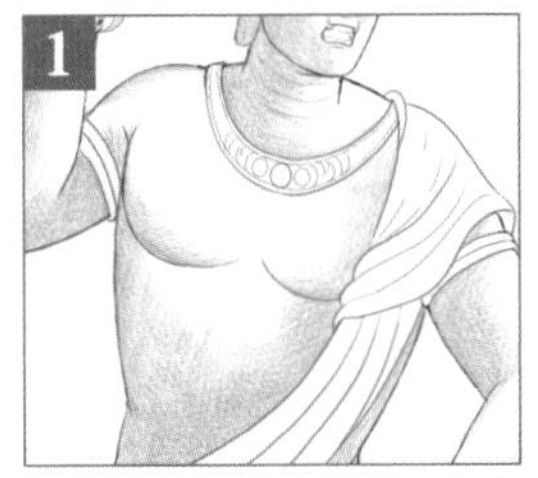

一開始用灰色 004 塗上陰影部分。

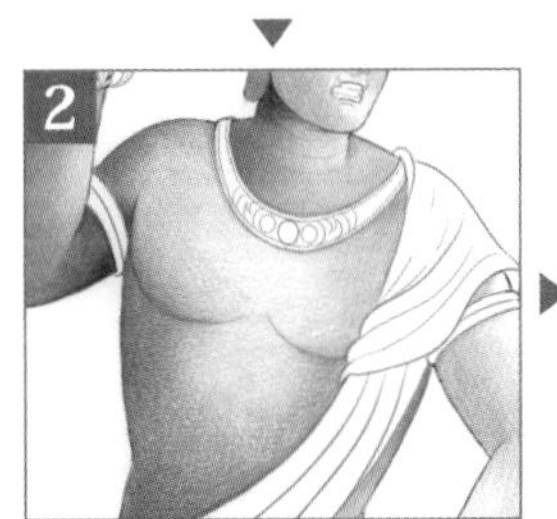

少量慢慢重疊明亮的藍色 370 161 141 371 ，再用 401 491 融合。

接著以較深的藍色 140 159 重疊，並以 496 疊加在最暗的部分。最後在陰影的交界塗上 001 融合。

小建議

原本的膚色為藍黑色，由於顏色過暗，不易用色鉛筆表現，所以這裡使用較明亮的顏色著色。

頭髮著色①
（月光菩薩）

解說

月光菩薩與日光菩薩同為藥師如來的脅侍菩薩。菩薩為長髮，頭髮往上盤成一個髮髻，留少許髮絲向下垂落。頭髮以寶冠裝飾，看似緞帶實為調整寶冠的繩結。而佛像多為頭髮全部上盤結為髮髻，髮絲未垂落的造型。

利益 除闇・淨化

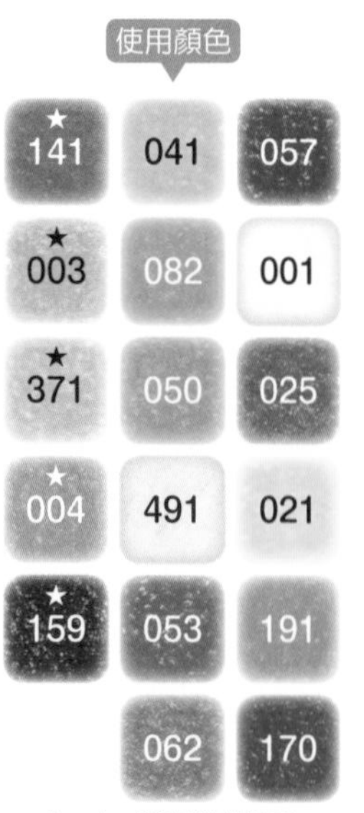

★・☆…頭髮使用的顏色

頭髮著色方法

一開始用 141 沿著髮絲著色。請將色鉛筆削尖，仔細著色。

接著再以 003 371 重疊融合。最後再用 004 159 塗上陰影。

小建議

佛畫著色時，髮絲間隔等距才漂亮。請沿著線稿仔細著色，塗上明暗部分的區別，營造立體感。

頭髮著色②
（不動明王）

使用顏色

★043	141
★004	003
★069	001
★139	021
★032	082
025	080

★・☆…頭髮使用的顏色

解說

不動明王為髮辮垂落的髮型。這是古印度奴僕（僕役）的形象。不動明王的形象有 p.118 滿頭捲髮和本頁直髮的兩種樣貌。頭頂配戴蓮花稱之頂蓮，其他也有將頭髮束成形似花般的莎髻。

利益 息災・調伏・除病

頭髮著色方法

用 043 沿著髮絲著色，並以 004 重疊。眉毛也用相同顏色。

用 069 139 塗上陰影，並用 032 少量塗在明亮的部分。

小建議

仔細觀察頭髮，可看出有明暗部分的區別。著色時塗出明暗分別，呈現頭形的立體輪廓。

著色練習

手印著色

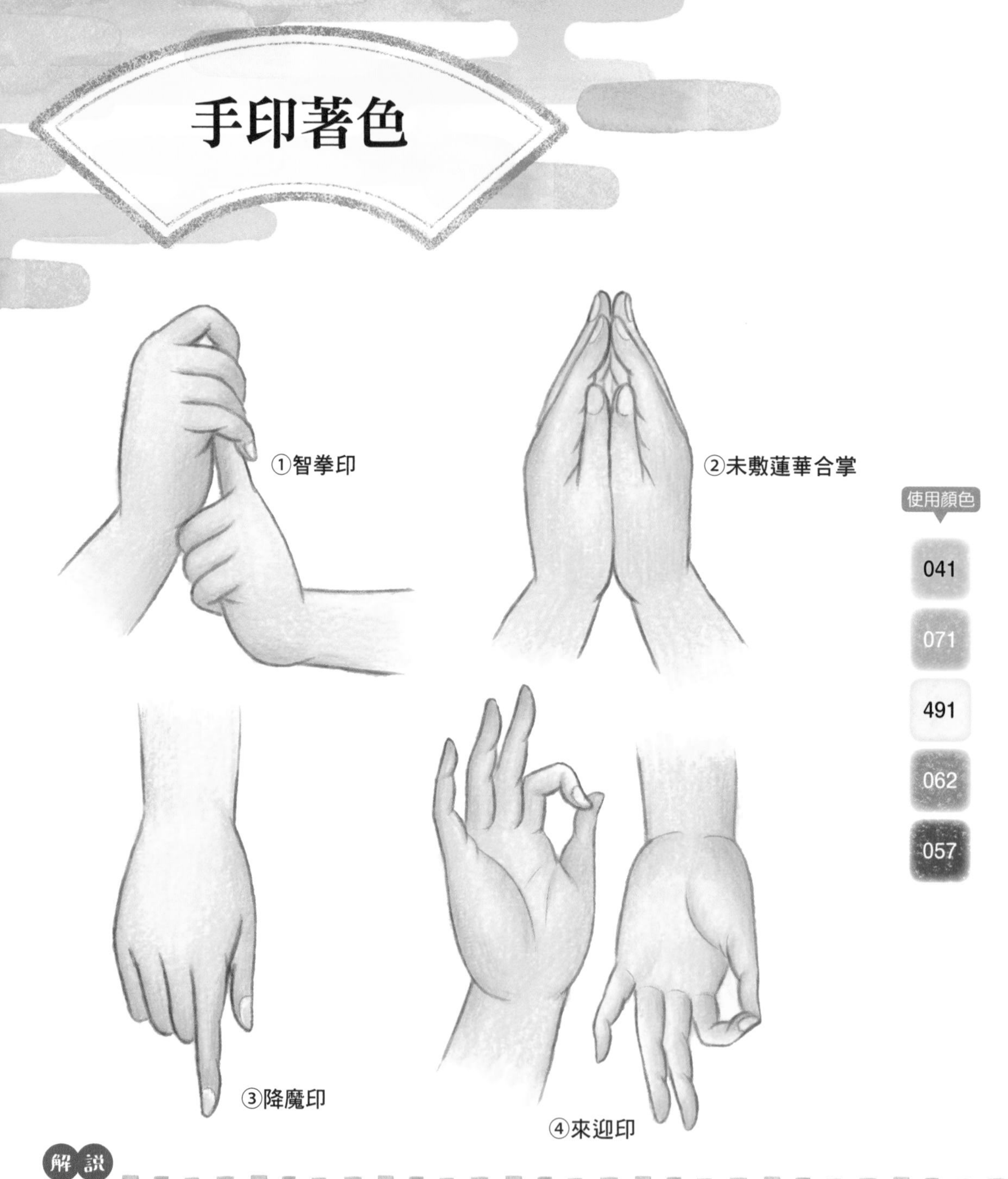

解説

佛的手勢（手印）各具意義。範例從中選擇了**①智拳印**（大日如來「象徵智慧」的手印）、**③降魔印**（別名：觸地印）（釋迦如來、阿閦如來的手印，意為「群魔退散」）、**②未敷蓮華合掌**（蓮臥觀音的手印，為「蓮花未開將開的狀態」）、**④來迎印**（人在臨終時，阿彌陀佛現身引領至淨土時的手印）來著色。在 p.62 中也有手印相關的詳細說明。

手部著色方法

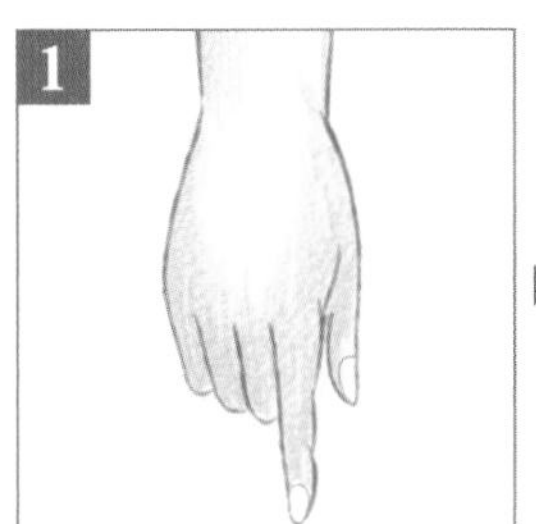

先用 041 塗上陰影部分後，再用 071 在指尖等部分塗上紅色調。

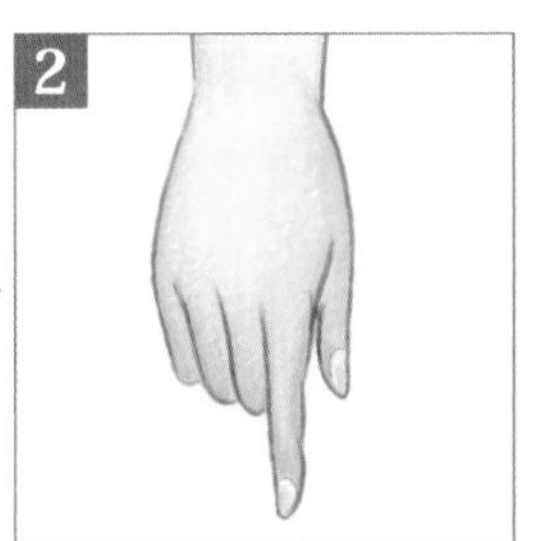

用 491 融合顏色，再用 062 加入陰影，最後用 057 輕輕描繪手部的輪廓。

參拜佛像時，留意手印就很容易判斷出是哪一尊佛。參拜時請多多留意。

著色練習

①智拳印

②未敷蓮華合掌

③降魔印

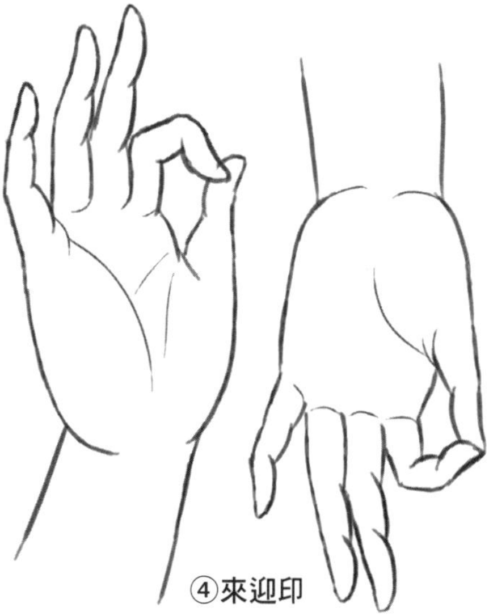

④來迎印

衣服著色

使用顏色

①	②
191	082
491	493
001	011
025	491
011	004

③	肌膚
070	041
062	051
491	491
011	062
015	001
039	

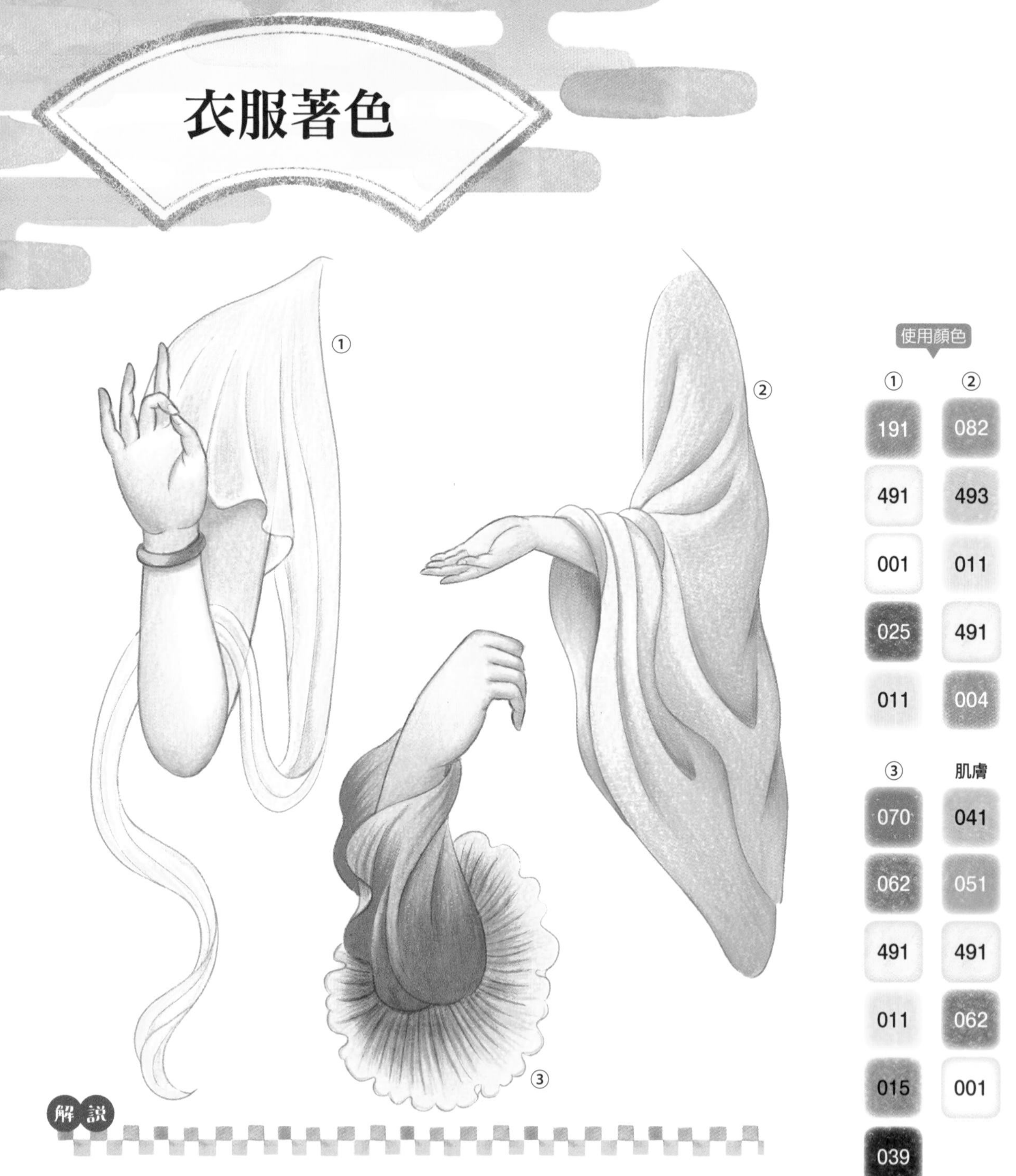

解說

佛的衣服設計承襲自中國，①透明的天衣為菩薩等的衣著，②長袖襬的服飾為女天人和白衣觀音的衣著，③半臂袖除了女天人，也是四大天王等男性的衣著。

要領&技巧

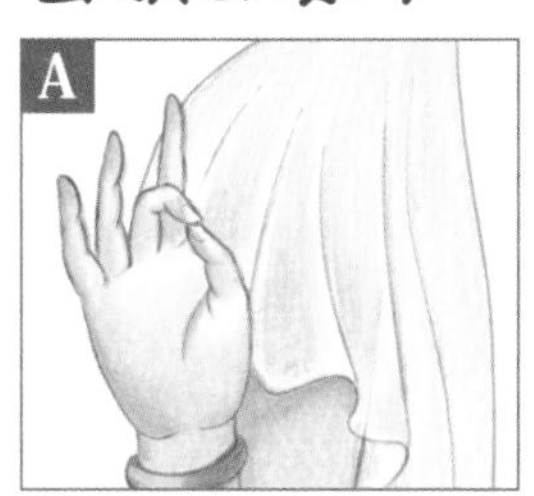

透明衣服著色時，先薄塗衣服底下的部分（這裡指的是肌膚）。

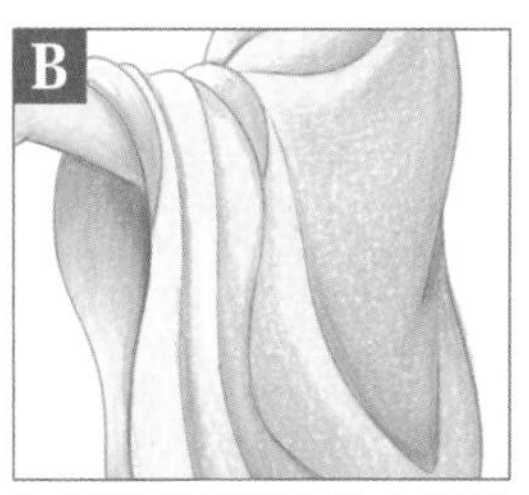

為了表現出美麗的衣服皺褶線條，要畫出明暗部分的區別。

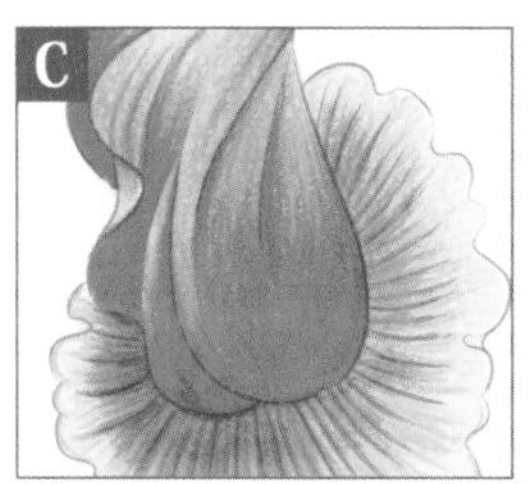

半臂袖看似花朵與葉片。要沿著衣服紋路塗出皺褶線條。

小建議

眾佛衣中，如來的衣著最簡約，菩薩和明王的衣著布料較薄，而天人則衣著華麗。

著色練習

眼睛和裝飾著色

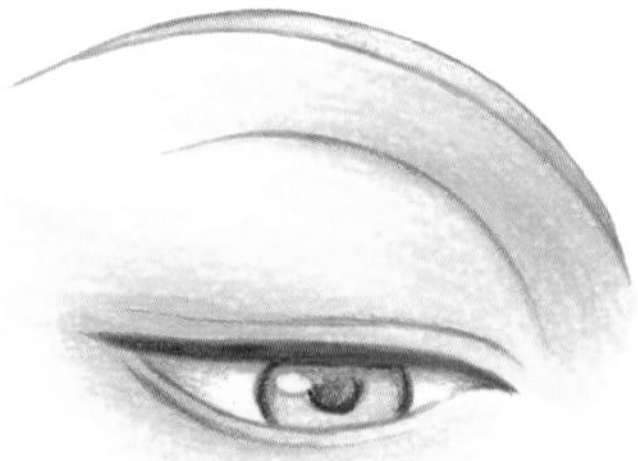

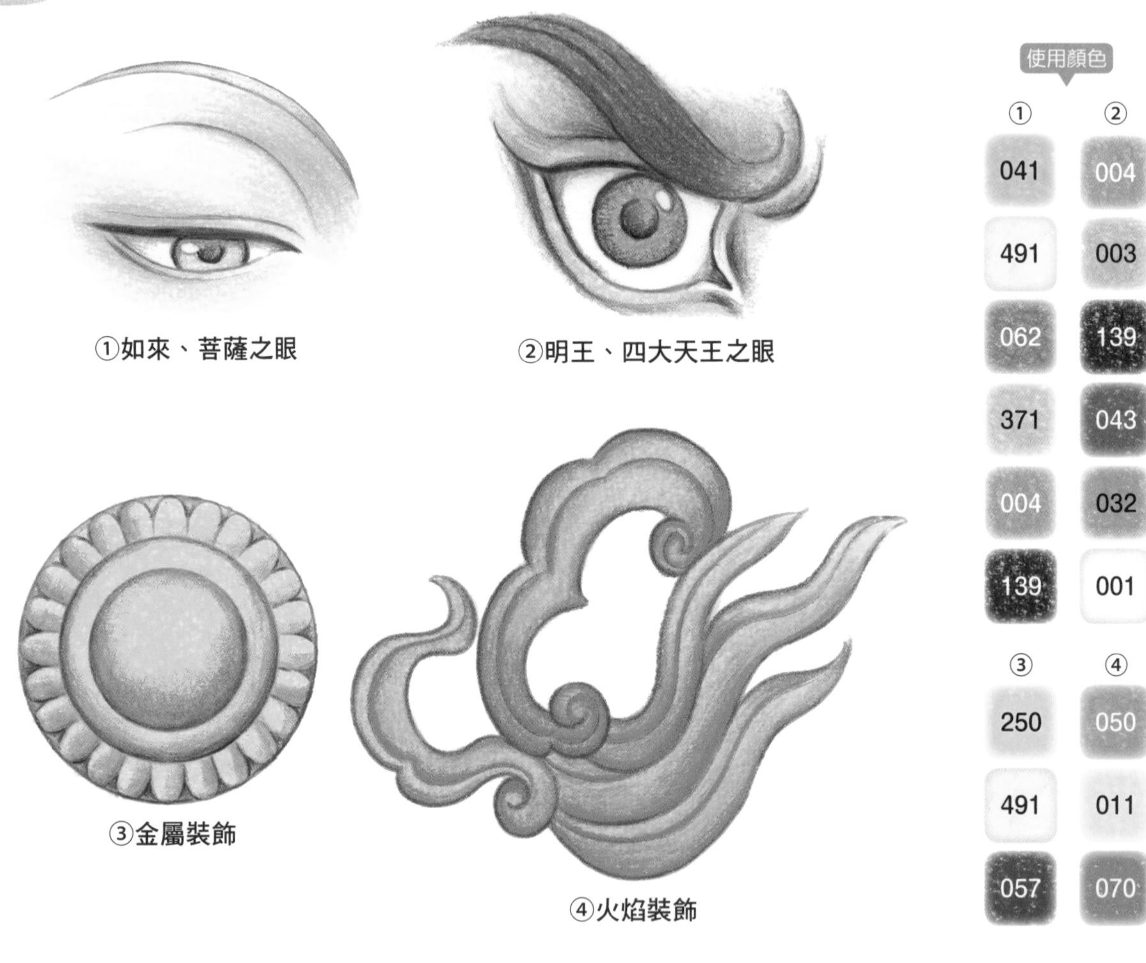

①如來、菩薩之眼

②明王、四大天王之眼

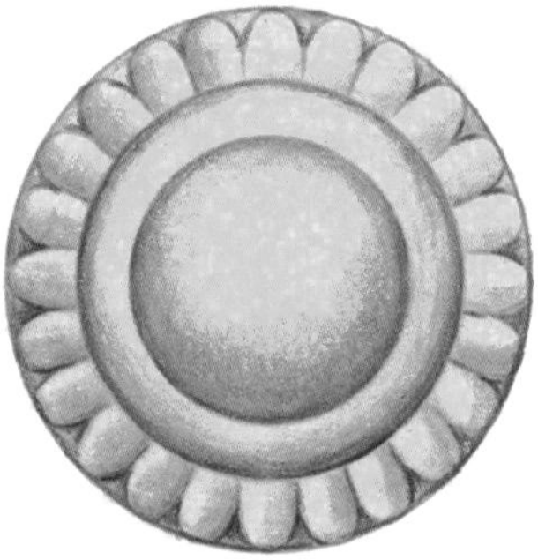

③金屬裝飾

④火焰裝飾

使用顏色

①	②
041	004
491	003
062	139
371	043
004	032
139	001

③	④
250	050
491	011
057	070

解說

①如來或菩薩的眼睛「微睜」，據說半分觀外在世界，半分觀內在自我。②將明王或四大天王的眼睛放大觀看，眼尾形狀特別並非呈尖形。這或許是為了讓眼睛看起來很大的緣故。③佛還常隨身配戴華麗的金屬裝飾。④四大天王的光背等多使用火焰裝飾。

金屬裝飾著色方法

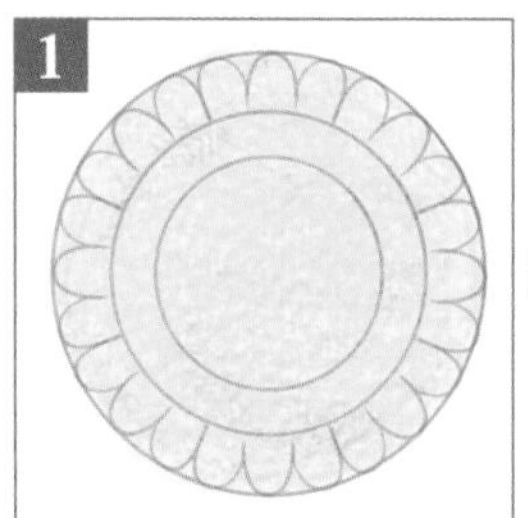

先用 250 薄塗金屬裝飾的整體。

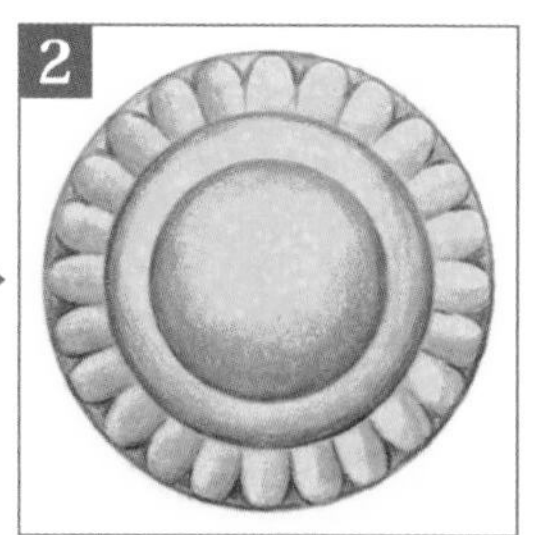

整體以 491 重疊融合後，再用 057 加入陰影即完成。

有許多細節的部分，像這樣分別對照著色，會有不一樣的發現。請一一悉心著色。

著色練習

①如來、菩薩之眼

②明王、四大天王之眼

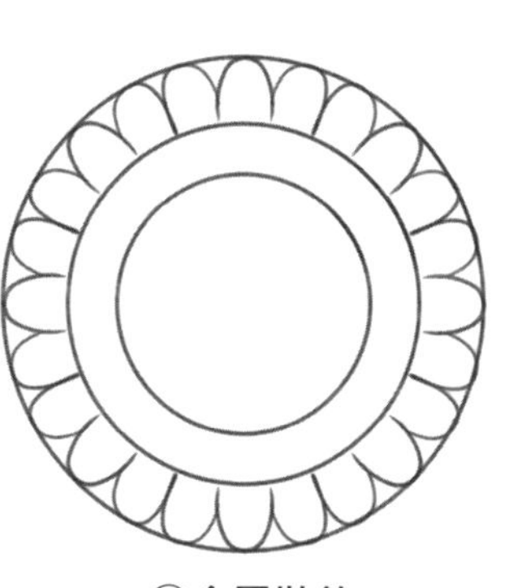

③金屬裝飾

④火焰裝飾

繧繝著色

①

②

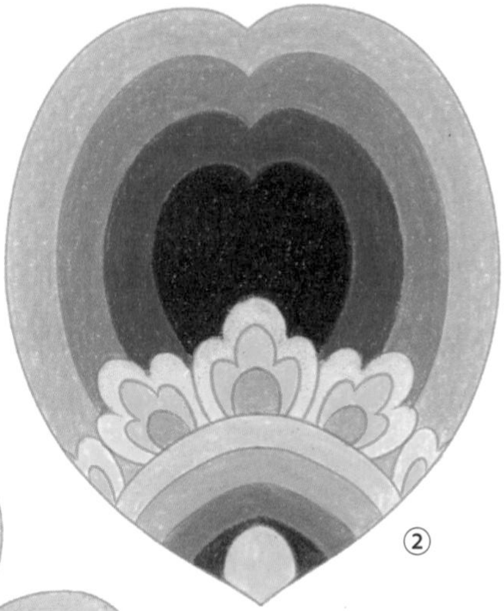

使用顏色

①	②
075	159
082	370
071	171
493	371
016	210
015	201
021	221
225	231
	030
	031
	021

解說

繧繝是指用於佛像或神社佛閣的色彩表現方法，不是漸層而是一層層重複塗上多種深淺不一的色彩表現手法。用繧繝著色法為①②兩種圖樣著色。

要領&技巧

繧繝是用4～5個層次的顏色深淺分別著色。

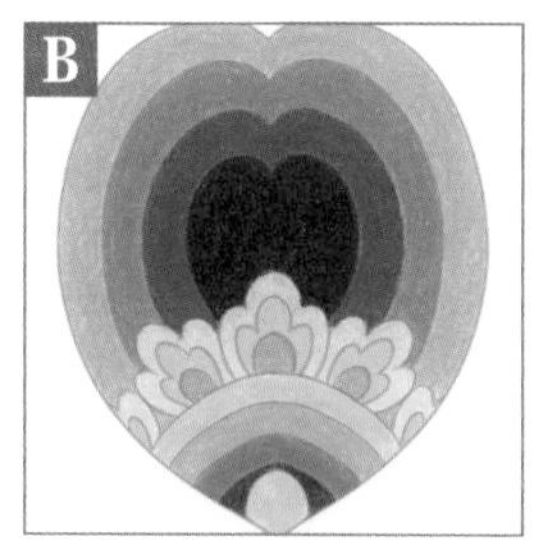

與暈染著色技法不同，用繧繝的色彩別有韻味。

也可嘗試使用其他喜愛的顏色。

著色練習

光背著色

①寶珠光

②二重圓光

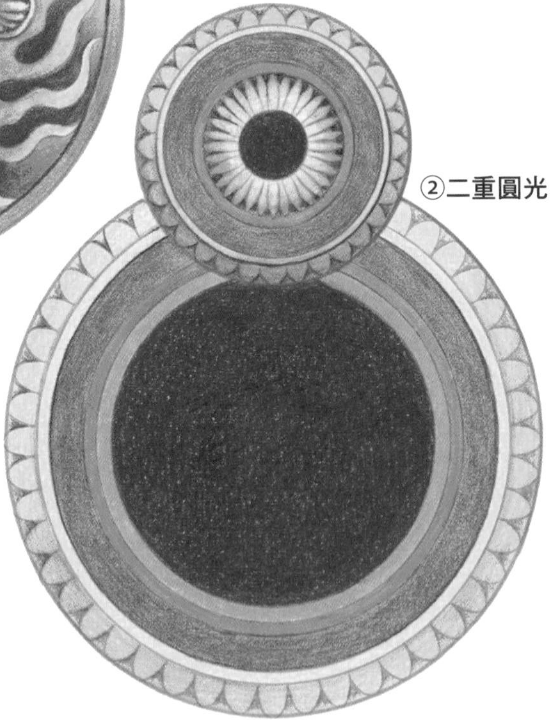

使用顏色

①	②
075	170
080	225
071	221
050	082
021	025
033	033
491	250
057	491
	069

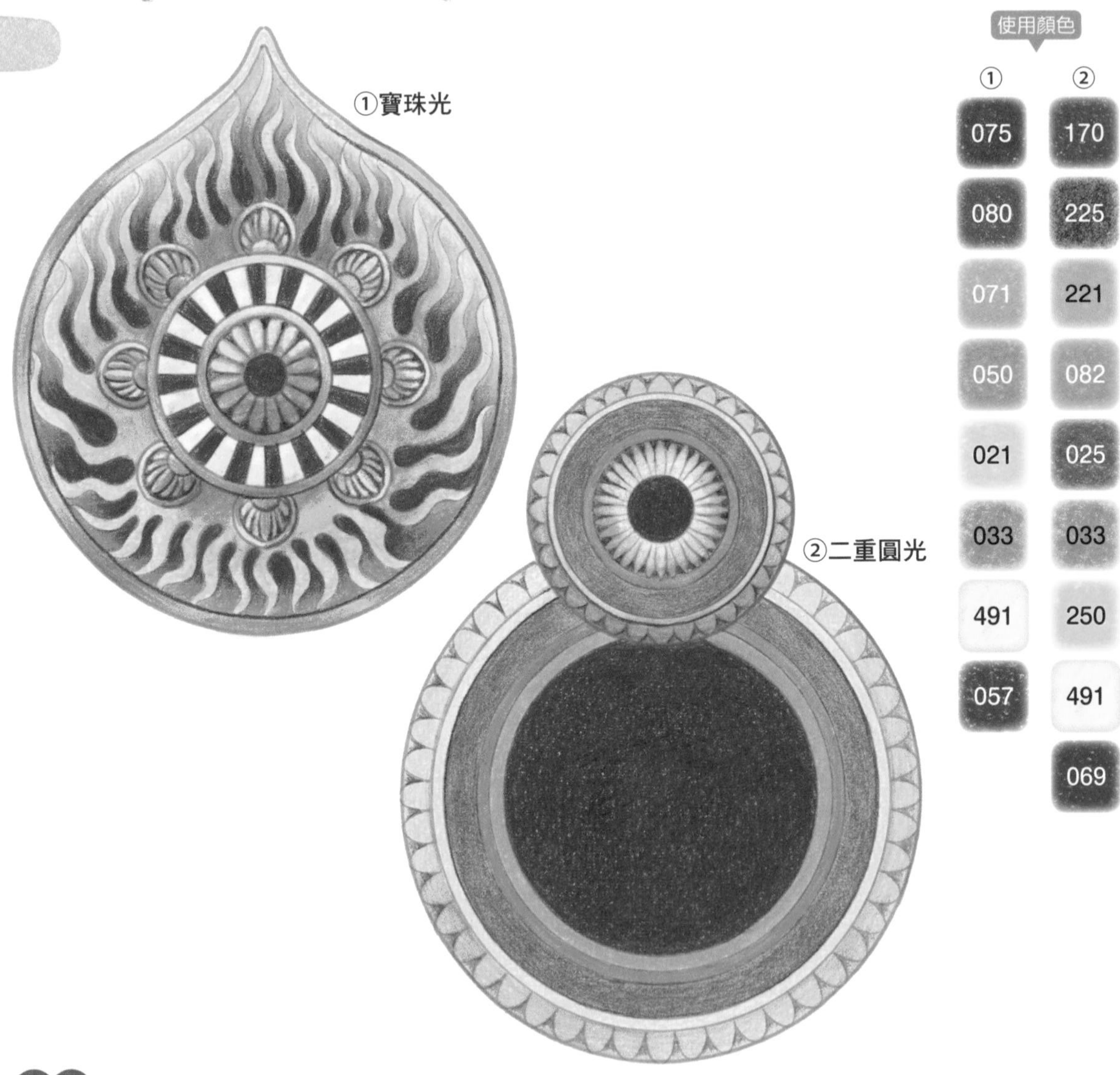

解說

佛身後的光背為佛三十二相（列舉釋迦如來相的 32 種特徵）之一，為體內綻放光芒的具象呈現。

①寶珠光：菩薩光背的常見形狀。**②二重圓光**：頭光和身光的組合形狀。

要領&技巧

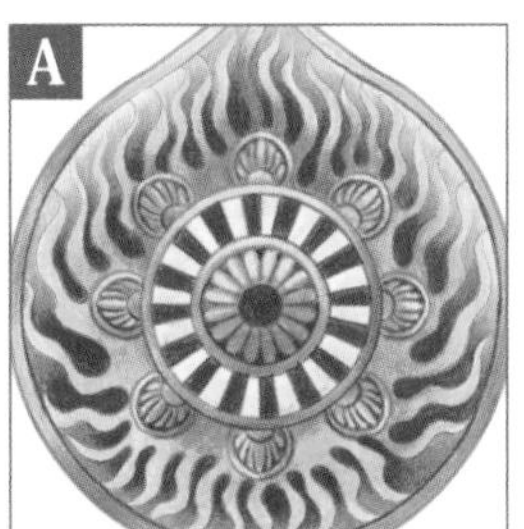

光線形似波浪的圖樣，並在外側塗上明亮的顏色。

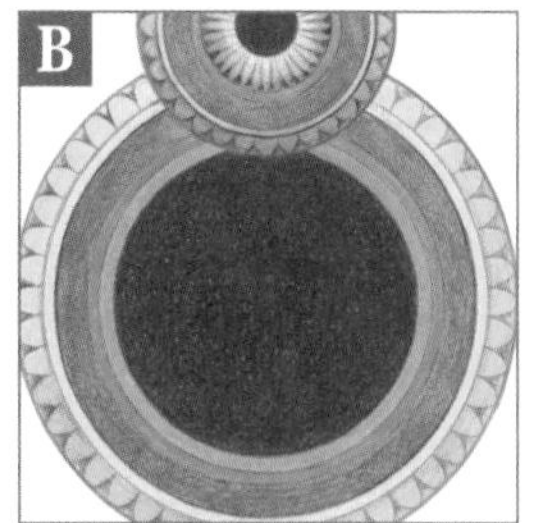

佛畫中有多種色彩組合，尤其常使用這種深綠色。

本應前面有尊佛，如此單畫光背也別有一番趣味。圖樣細緻，請悉心著色。

著色練習

蓮花著色

蓮花為佛教世界帶有寓意的花卉。在淤泥中美麗綻放的花朵，象徵不受煩惱沾染的清淨佛心。常見有４種蓮花，分別為白蓮花、紅蓮花、黃蓮花、藍蓮花。

佛手持的蓮花象徵多種寓意，例如花蕾意指「未開將開的狀態」。

①

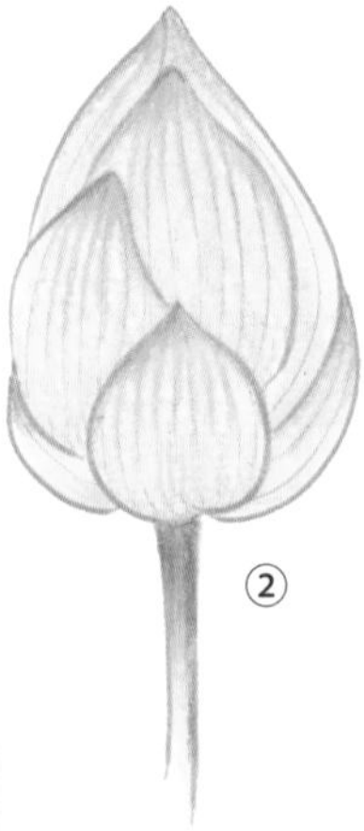

②

③

使用顏色

①	071	493	491	021	035
	004	231	210		
②	091	491	021	231	210
③	091	090	491	250	231
	004	001	210	035	

蓮花著色方法

一開始用 071 描繪花瓣脈紋，並塗上花瓣的顏色。

▼

以 493 491 塗出粉紅色，再用 021 035 塗出中央的黃色，並用 004 畫上陰影。

小建議

蓮花花瓣薄又纖細，請運用美麗的漸層著色，表現出花瓣纖細柔和的樣態。

著色練習

①

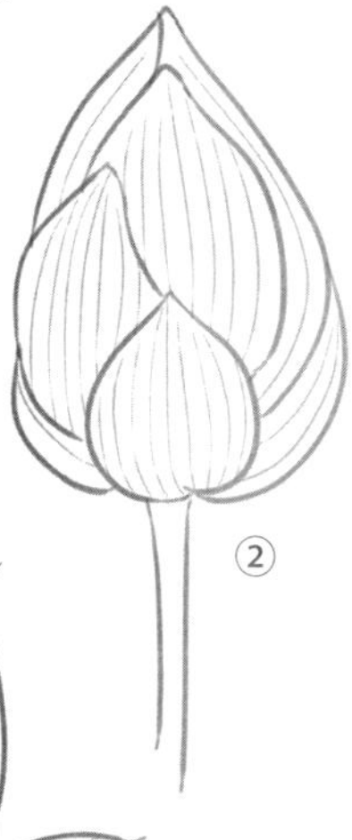

②

③

蓮座著色

使用顏色

071
491
075
011
245
225
016
033
030
161
150
025
055

解說

蓮座為模擬蓮花形狀的座台，為如來或菩薩的寶座。除了蓮座之外，還有其他各種形狀的座台，每尊佛都有專屬的座台，例如不動明王為瑟瑟座。諸佛的蓮花顏色皆有其既定的顏色，但也會看到由佛畫師自行設計的繪圖。

蓮座著色方法

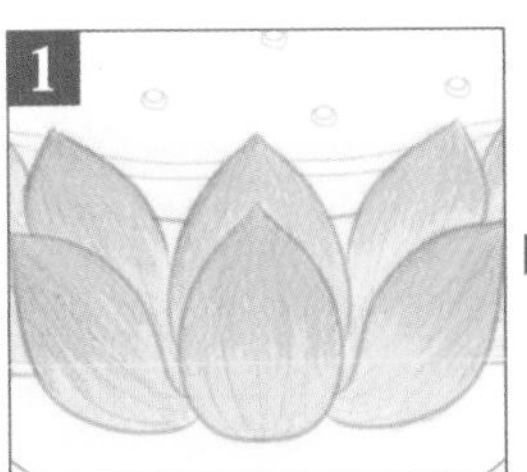

蓮花薄塗 071 ，再疊上 491 ，充分融合。

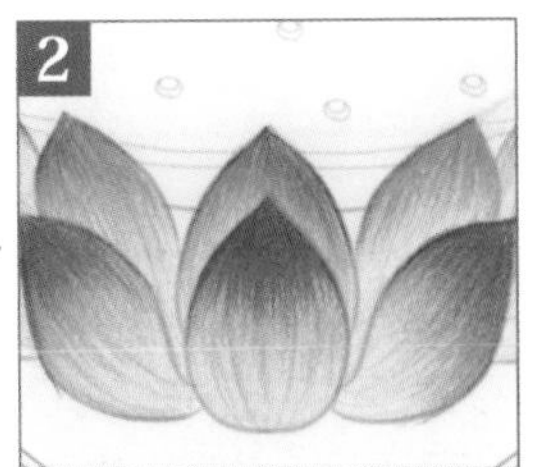

接著在花瓣疊上 075 即完成。第 1 層和第 2 層要畫濃淡深淺變化，營造出距離感。

小建議

著色時請留意蓮花的柔和，以及座台金屬的堅硬。
蓮座為佛的寶座，著色時要畫出莊嚴華麗之感。

著色練習

法輪和金剛杵著色

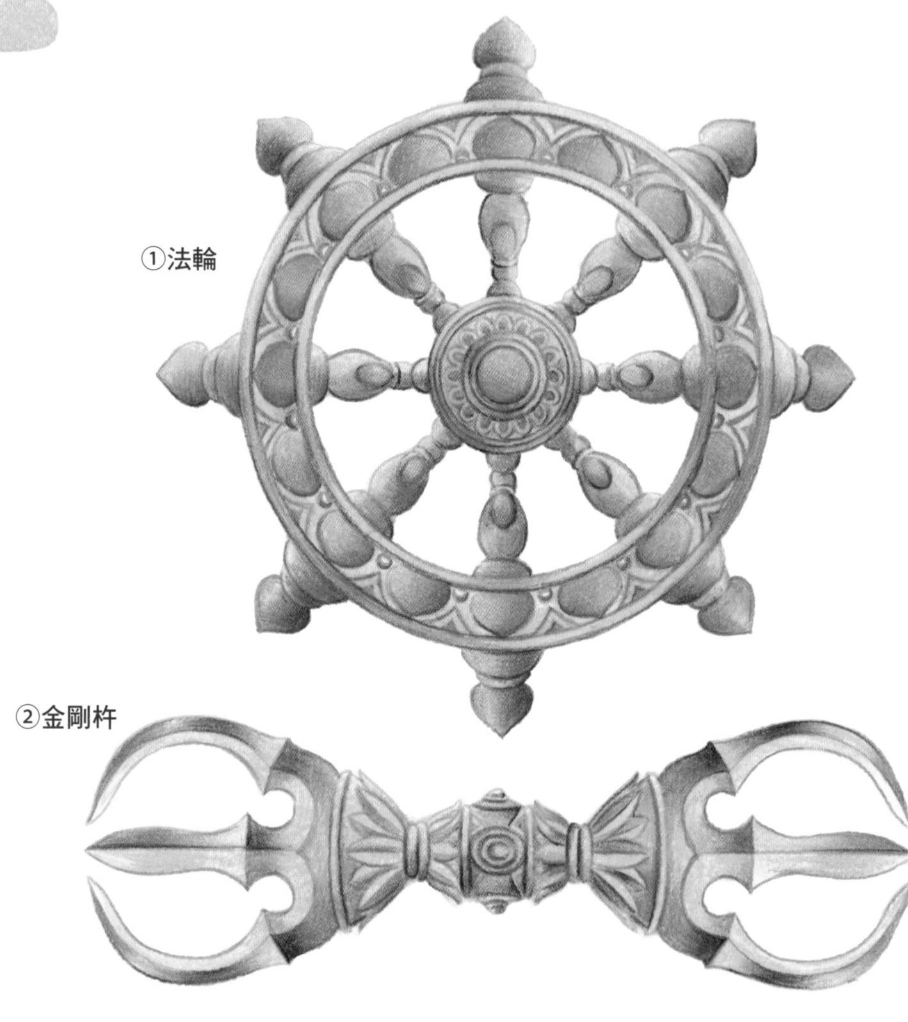

①法輪

②金剛杵

使用顏色

①

070

082

021

035

057

403

140

161

使用顏色

②

021

035

057

403

140

解說

①**法輪（寶輪）**原為古印度的投擲武器。輪狀外形代表佛法無邊，永不止歇。

②**金剛杵**為密教常見法器，與法輪相同，原為伐折羅的印度武器，代表破除煩惱，以期開悟的菩提心。

要領&技巧

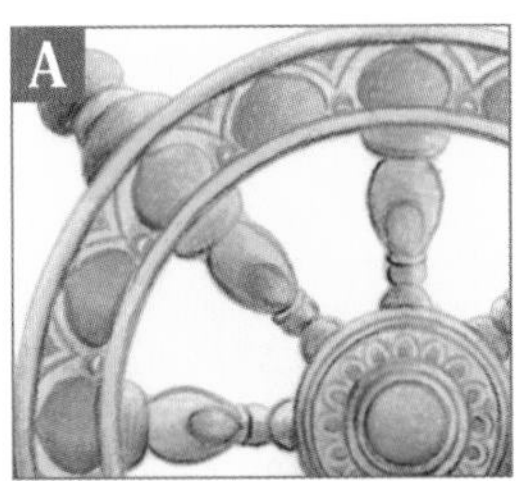

形狀圓滑。與金剛杵相比，著色變化較小，這點在著色時須多加留意。

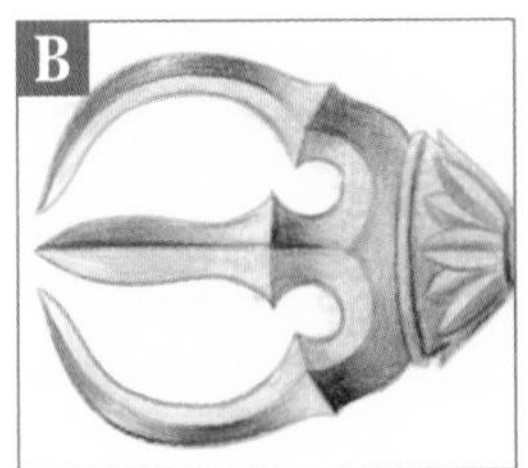

面與面的交界要仔細明確地著色劃分，以表現金屬堅硬的質感。

為金屬著色時，用 021 塗在明亮部位，再用 035 057 加在陰影處，最後再用 140 重疊在陰影處，就能呈現很好的金屬質地效果。

著色練習

吉祥紋飾著色

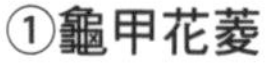

①龜甲花菱

②七寶紋

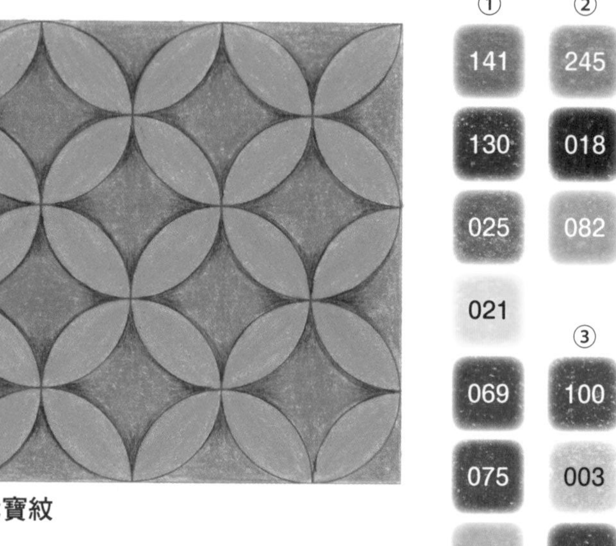

③鳥檸紋

解說

吉祥紋飾描繪的是代表好運的植物與圖樣。範例中為大家舉 3 種圖樣。

①**龜甲花菱**（自古即為代表好運的圖樣，也當成家徽使用）。②**七寶紋**（出自佛教經典的七種寶物，意味子孫繁榮、廣結人緣等）。③**鳥檸紋**（結合花菱與鳥的圖樣。原為七寶形，範例中單獨繪出）。

要領&技巧

有各種顏色組合，所以請自由配色。

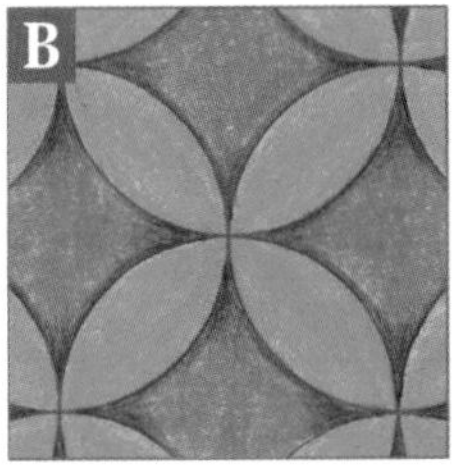

這類圖樣也有各種顏色的組合，可享受著色的樂趣。

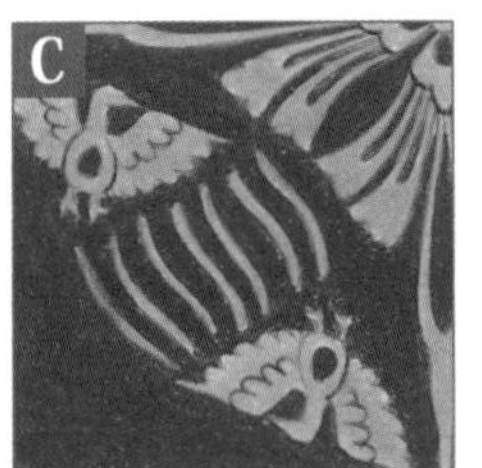

描出細緻圖樣的輪廓，從背景塗色，比較容易著色。

著色練習

小建議

吉祥紋飾有各種顏色組合，圖樣代表好運，大家可隨意選擇各種顏色著色。

俱利伽羅劍著色

解說

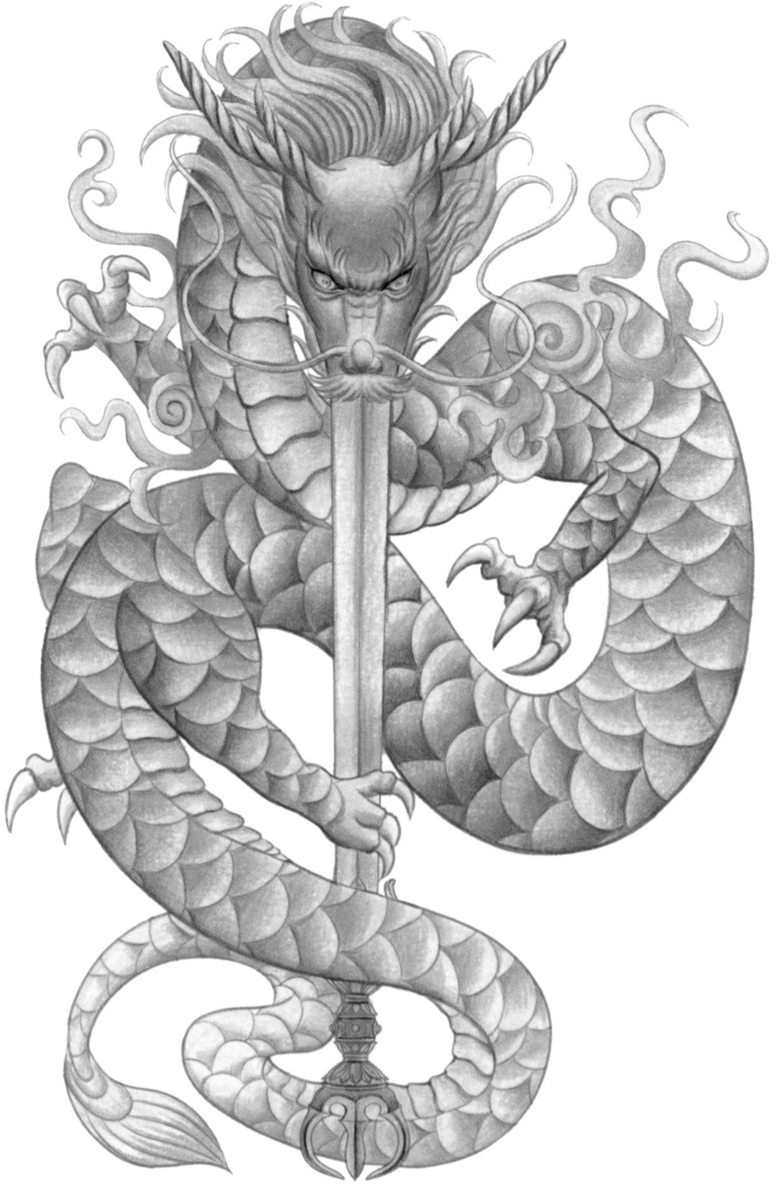

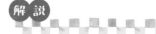

俱利伽羅劍為不動明王立身像右手所持的劍，又稱為俱利伽羅不動，可視為不動明王的化身。範例中龍口吞劍，龍身纏繞劍身。

使用顏色

250	221
191	001
170	051
161	091
160	032
	057

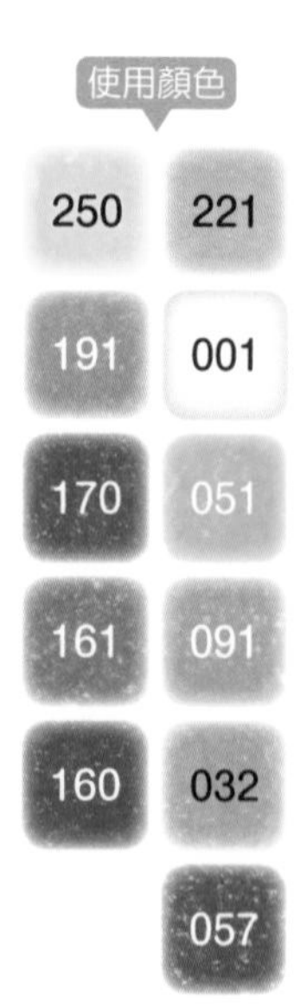

著色練習

龍身著色方法

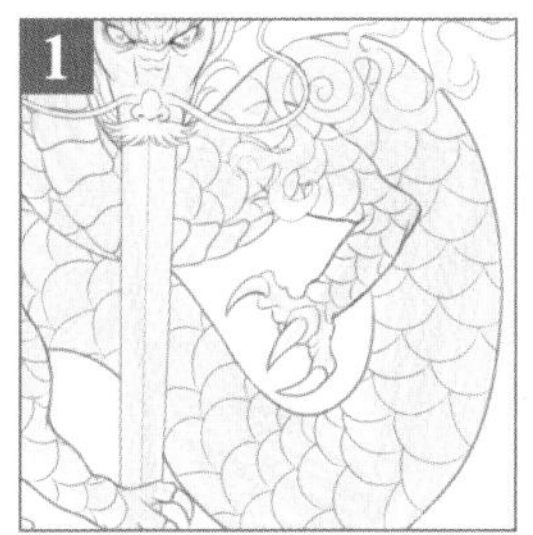

一開始全部以 250 著色。

▼

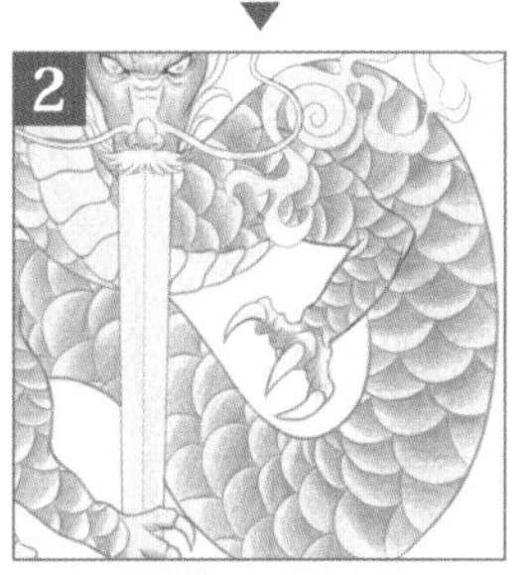

再用 191 為龍鱗著色。並非平均著色，而是在鱗片之間的交界塗上較濃的顏色，畫出漸層效果。

▼

局部改用 170 161 160 著色，畫出陰影。

小建議

龍身捲曲纏繞，所以前面著色較濃，後面著色較淡，營造出距離感。

專欄

佛的 4 大階級

最早的佛像誕生自釋迦牟尼佛入滅之後，一開始只有釋迦牟尼佛像，之後才慢慢創造出經典描述的各種佛像。佛依其角色分為 4 大階級。本書也描繪了各階級的佛，請參考以下列表。

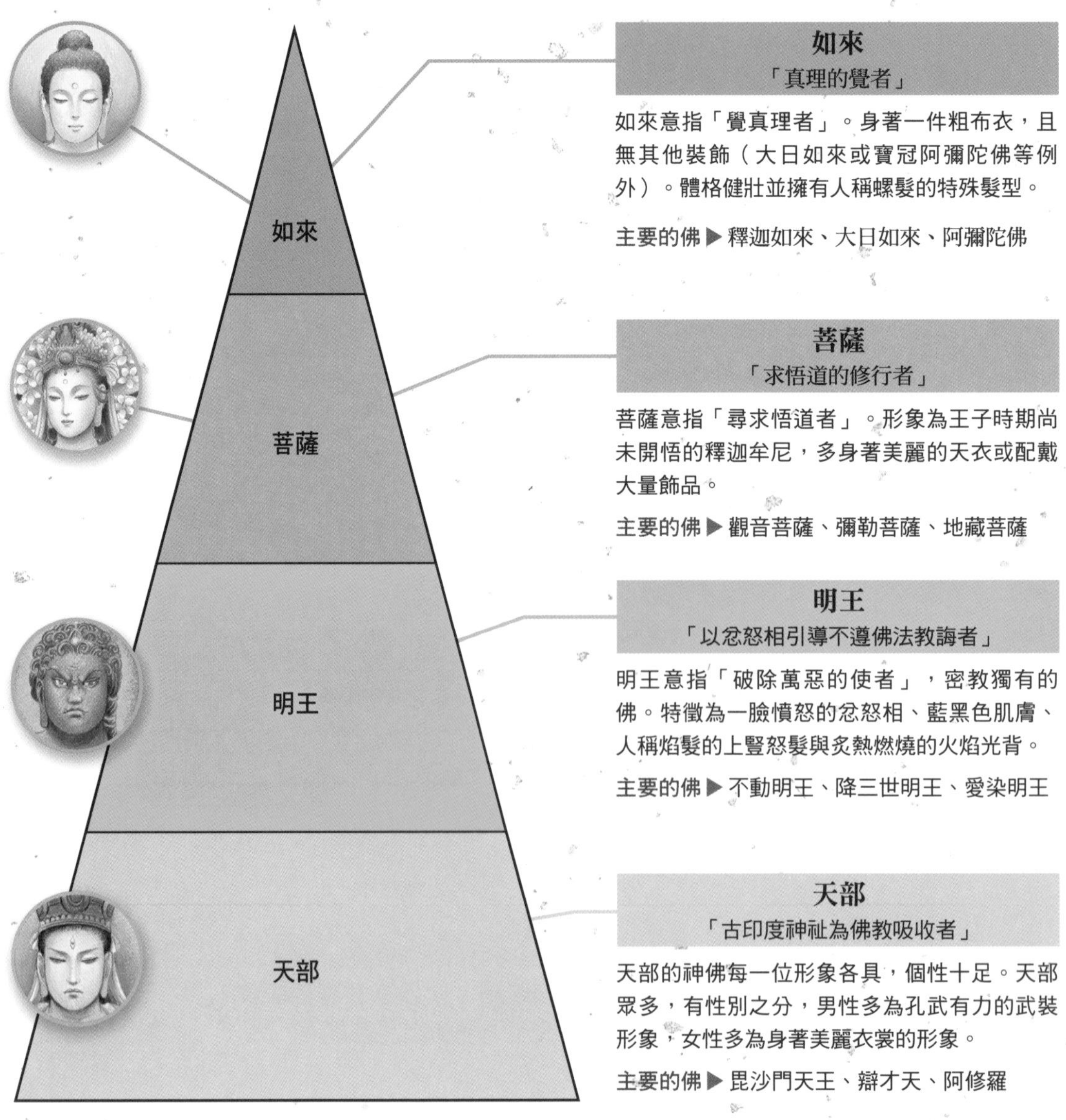

如來
「真理的覺者」

如來意指「覺真理者」。身著一件粗布衣，且無其他裝飾（大日如來或寶冠阿彌陀佛等例外）。體格健壯並擁有人稱螺髮的特殊髮型。

主要的佛▶釋迦如來、大日如來、阿彌陀佛

菩薩
「求悟道的修行者」

菩薩意指「尋求悟道者」。形象為王子時期尚未開悟的釋迦牟尼，多身著美麗的天衣或配戴大量飾品。

主要的佛▶觀音菩薩、彌勒菩薩、地藏菩薩

明王
「以忿怒相引導不遵佛法教誨者」

明王意指「破除萬惡的使者」，密教獨有的佛。特徵為一臉憤怒的忿怒相、藍黑色肌膚、人稱焰髮的上豎怒髮與炙熱燃燒的火焰光背。

主要的佛▶不動明王、降三世明王、愛染明王

天部
「古印度神祉為佛教吸收者」

天部的神佛每一位形象各具，個性十足。天部眾多，有性別之分，男性多為孔武有力的武裝形象，女性多為身著美麗衣裳的形象。

主要的佛▶毘沙門天王、辯才天、阿修羅

第 2 章

佛面著色

第2章將為各類諸佛的面部著色。如來、菩薩、明王、天部、童子，每一位的肌膚色調或濃淡程度各有所異。著色時請少量重疊各種顏色，悉心完成繪圖。

阿彌陀佛的面部

解說

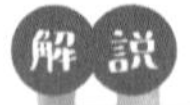

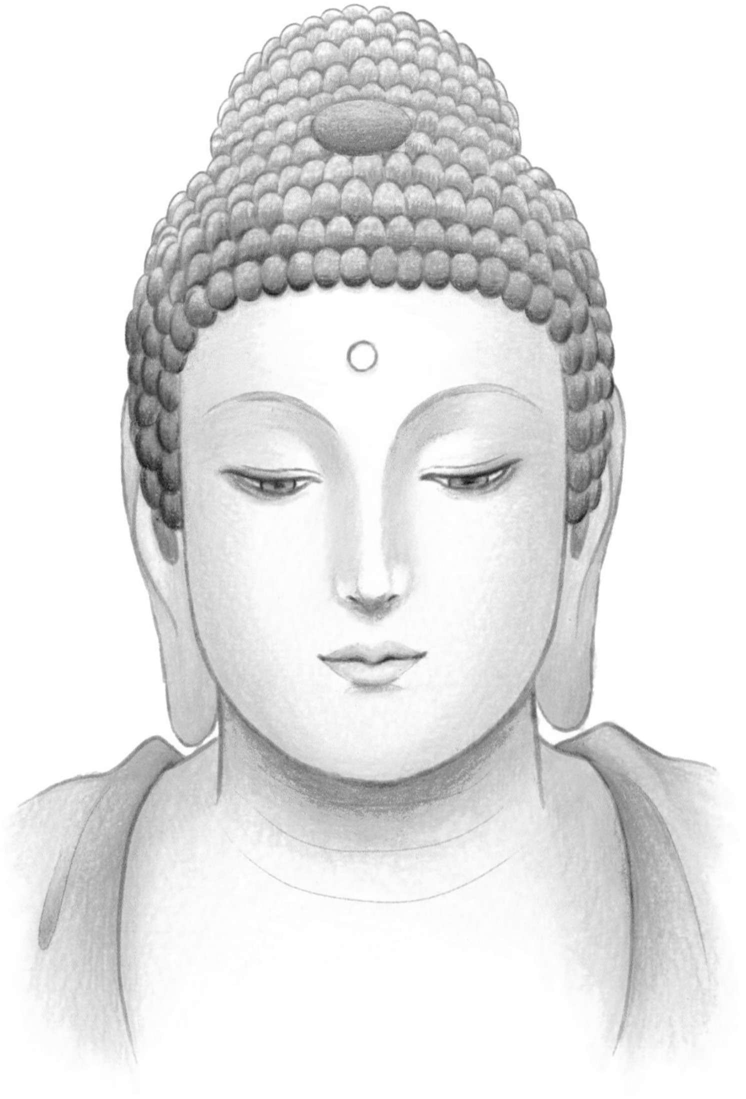

阿彌陀佛為引領眾生前往極樂淨土的佛，也是釋迦如來的師尊。頭髮為人稱「螺髮」的特殊髮型。佛的造型特徵稱為「三十二相八十種好」，包括頭頂高聳「肉髻」、額頭「白毫相」、頸部「三道」細紋等，代表了超越人間的存在。

利益 滅罪・敬愛

使用顏色

★041	141
★491	003
★062	139
★053	171
★069	070
	030

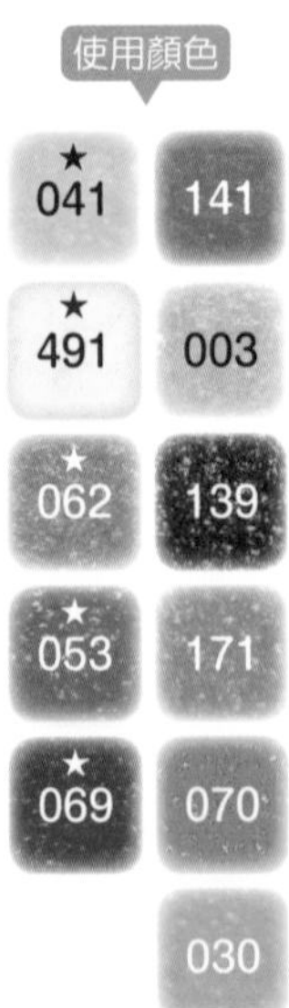

★・☆…肌膚使用的顏色

螺髮著色方法

著色練習

用 141 為螺髮塗上底色。頭頂部分著色較淡，下半部著色較深，營造距離感。

▼

接著用 003 為整個頭部著色，並用 139 塗上陰影。與步驟 1 相同，越往下部著色越深。

小建議

如來的髮色為「如藍寶珠般的藍色」，眉色與髮色相同，若是不想強調眉毛，可在肌膚加上淡淡的藍色即可。

普賢菩薩的面部

解說

　普賢菩薩為全身像時多乘坐白象，與文殊菩薩同為釋迦如來的脅侍，為敦促實踐（行動）的佛，為救眾生不論何時何地都會現身。自平安時代起，尤為女性信眾所信仰。

利益 滅罪・延命・守護女子

使用顏色

★041	★069	025
★071	★004	021
★491	141	031
★053	371	191
★062	140	050
★001	139	075

★・☆…肌膚使用的顏色

著色練習

要領&技巧

寶冠上有五尊小佛（五智如來）。精緻小巧，需悉心著色。

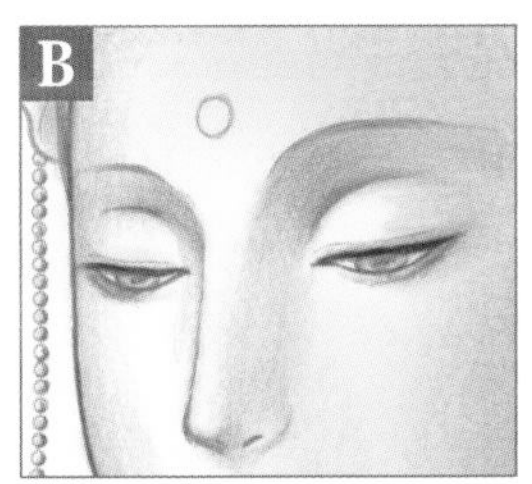

為吸引女性信眾的佛，著色時須有意識地畫出女性的柔和相貌。

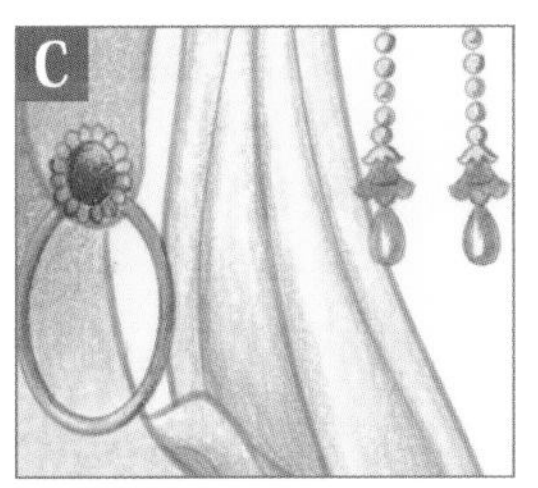

用較深的顏色塗出金屬陰影，更能呈現金屬質感。

小建議

眉毛稍微往下，讓人心生溫柔莊嚴之感。眼睛的形狀相同，但是只要稍稍改變眉毛的弧度，表情便瞬間有所變化。

降三世明王的面部

解說

降三世明王為五大明王之一，為眾生降伏三毒（貪、瞋、癡）。全身像為腳踏濕婆神與其妻子，由於降伏了印度教裡支配三界（現在、過去、未來）的濕婆神，故被尊稱為降三世明王。**利益** 戰勝祈願・惡魔退散

著色練習

肌膚著色方法

一開始用 003 004 塗上陰影，接著用 141 塗上中間的陰影。

在步驟 1 塗好的陰影交界，塗上 001 融合後，再用 139 塗出深色陰影即完成。

小建議

表情可怕忿怒，卻滿懷慈悲。除了可怕之外，著色時也要畫出剛強慈悲之感。

持國天王的面部

解說

持國天王為天部四大天王之一，侍奉帝釋天，並負責在須彌山中守護佛法。須彌山為古印度以佛教世界觀想像的山，位於世界的中心。

四大天王各自鎮守四方，東方為持國天王，南方為增長天王，西方為廣目天王，北方為多聞天王鎮護。

利益 守護・國家安泰

使用顏色

★041	032
★491	245
☆053	250
☆062	161
★003	140
☆057	210

★・☆…肌膚使用的顏色

著色練習

要領&技巧

頭髮如描繪髮絲般著色，並塗上明顯的金屬邊界。

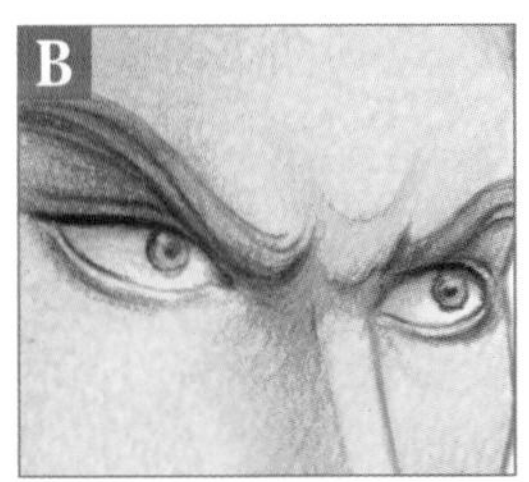

仔細畫出眉間與眼窩陰影，描繪出男性的樣貌。

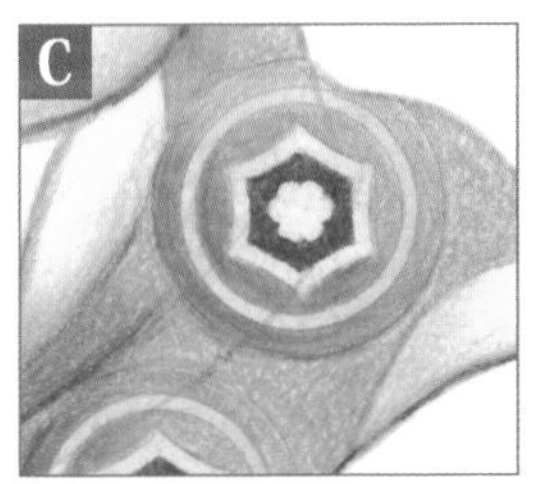

先塗布料的顏色，比較容易為圖樣著色。圖樣也要畫出布料的陰影。

小建議

天部武將為了不讓惡魔靠近，睥睨周圍一切。要用心描繪出勇敢凜然的表情。

伎藝天的面部

解說

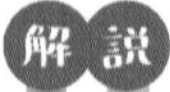

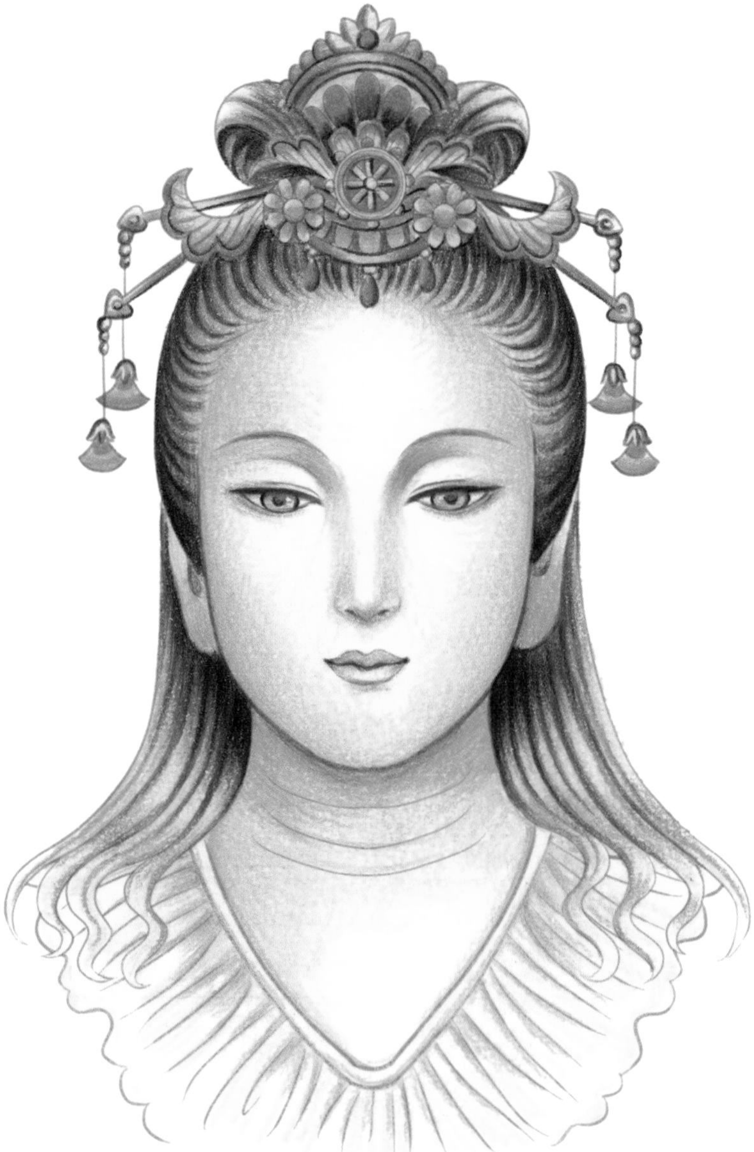

伎藝天為才藝第一的天女，誕生於大自在天（印度教的濕婆神）的髮際線，相貌端莊美麗。自古被奉為祈求才藝提升、福德圓滿的護法善神，受到眾人信仰。

利益 才藝提升・福德

使用顏色

★ 041	☆ 082
★ 491	021
☆ 062	181
☆ 053	210
☆ 004	140
★ 069	025
★ 001	

★・☆…肌膚使用的顏色

著色練習

要領&技巧

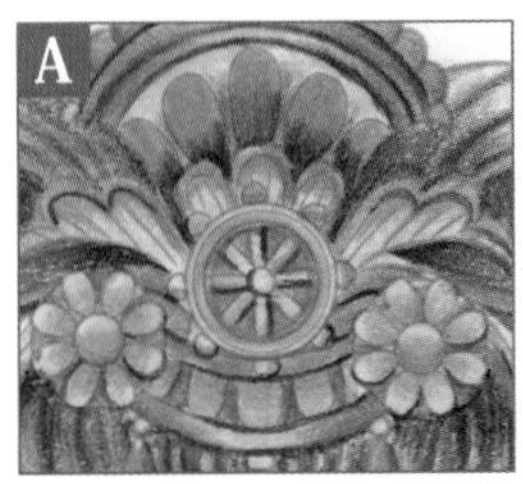

使用 021 181 210 畫出綠色裝飾的漸層。

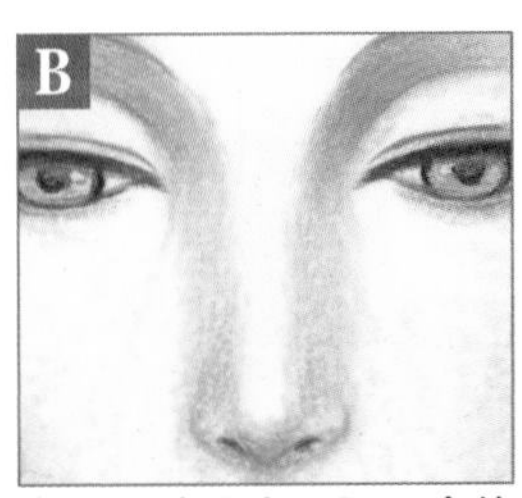

鼻梁若塗得太明顯，會使相貌線條過硬，顏色濃淡需控制得宜。

以 181 和 491 薄薄畫出白色布料的陰影。

小建議

佛畫的女天人與菩薩和如來不同，眼睛並非「微睜」，但仍多描繪成垂眼下視的樣貌。

制多迦的面部

解說

制多迦為不動明王第八位童子，與矜羯羅同為不動明王的脅侍。經常一起繪製於不動明王的佛畫中，著名的佛像出自於鎌倉時代有名的運慶之手。

利益 成就所願

★・☆…肌膚使用的顏色

著色練習

要領&技巧

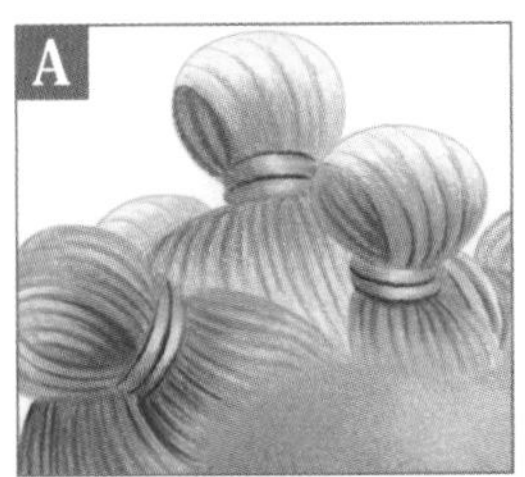

頭髮並非平塗上色，而是要在上方畫出受光線照亮的樣子。

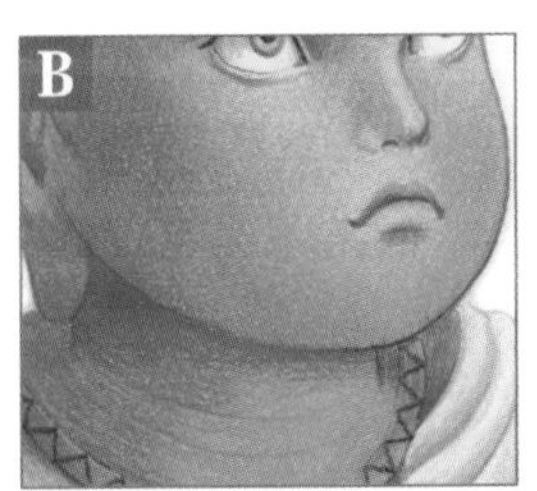

請仔細看臉頰陰影處，在畫陰影時，要表現出臉頰鼓起的模樣。

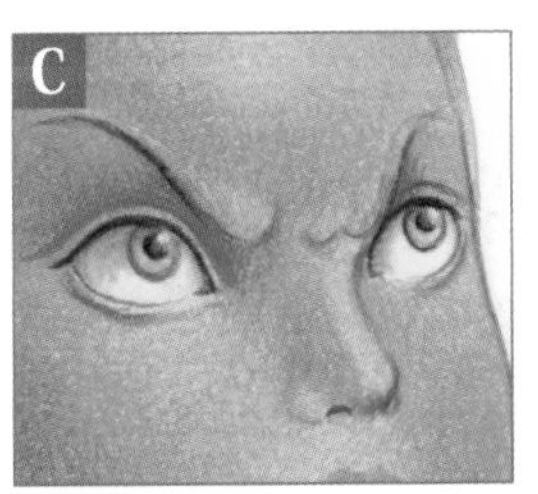

眉間皺紋不要塗得太濃，避免變成可怕的表情。

小建議

制多迦為不動明王的小侍從。著色時不要只畫出可愛感，還要留意畫出眼神睥睨的表情。

何謂佛手印？

「手印」類似手勢或手語，代表佛的所願與內在意思。p.28 曾介紹過，這裡再稍微為大家詳細說明。

因為在諸佛中，尤其如來佛像的姿態相似，乍看時多不知道佛尊名號。因此請大家多留意手印，也就是手的姿勢。如來必會結手印，這可成為大家分辨的重點。

例如 p.64 的釋迦如來，結的手印為「施無畏印」、「與願印」。這兩種手印多成套出現，也合併稱為「施無畏與願印」。釋迦如來面對眾生，以右手溫柔安撫眾生「無所畏懼」，以左手表達「實現所願」。

阿彌陀佛為手印最多的如來佛。代表手印有稱為「九品印」的九種手印。

彌陀定印
（阿彌陀佛）

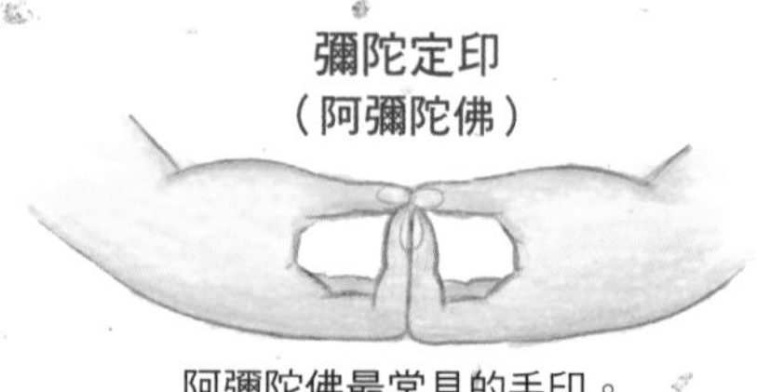

阿彌陀佛最常見的手印。

法界定印
（胎藏界大日如來、釋迦如來）

代表冥想姿態的手印。

說法印
（釋迦如來）

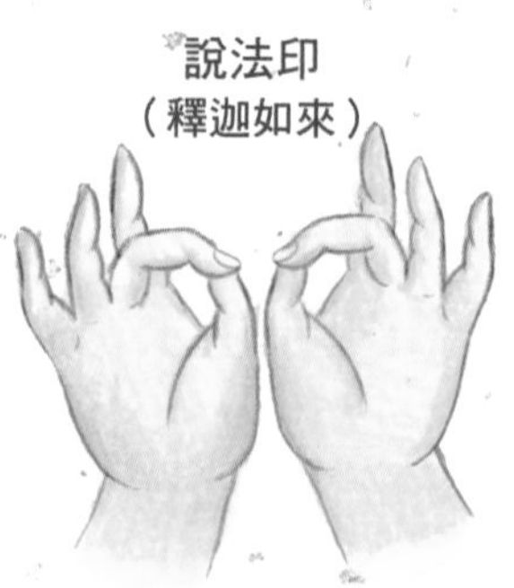

代表釋迦如來生前說法姿態的手印。

降三世印
（降三世明王）

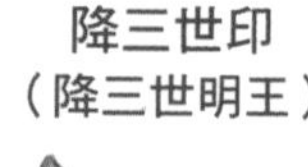

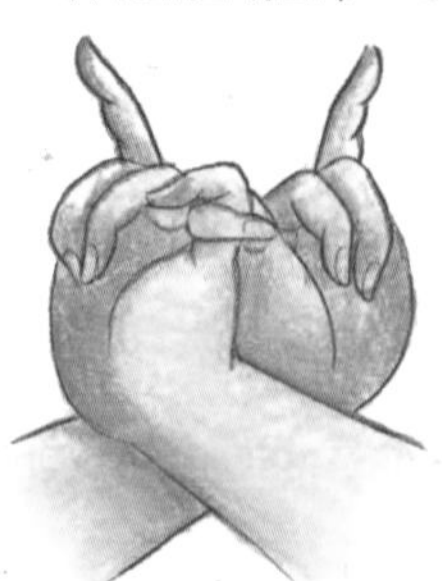

小指交纏，雙手交叉置於胸前，為降三世明王專屬手印。

第 3 章

佛的全身像著色

第 3 章將為各類諸佛的全身著色。佛的種類不同，衣著或裝飾也各異。尤其天部（毘沙門天王、辯才天等）為身著華麗衣裳的佛。著色時請留意每尊佛的特徵。

釋迦如來全身像

使用顏色

★041	033
★491	035
☆062	245
★003	025
☆057	225
250	159
300	001
070	

★・☆…肌膚使用的顏色

解說

釋迦如來為佛教始祖，29 歲捨俗世出家，經 6 年後開悟。而且釋迦如來為最早製作的佛像，佛像右手手印為「施無畏印（去除眾生恐懼）」，左手手印為「與願印（傾聽眾生所願）」。

利益 拔苦與樂・滅罪生善

光背以 250 491 300 070 著色，顏色稍為塗深一些，和肌膚要有所區別。

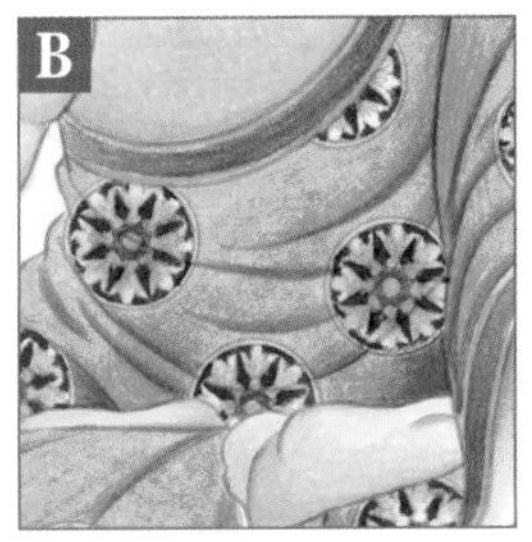

衣服整體用 033 ，中間陰影用 035 ，深色陰影則用 057 著色。

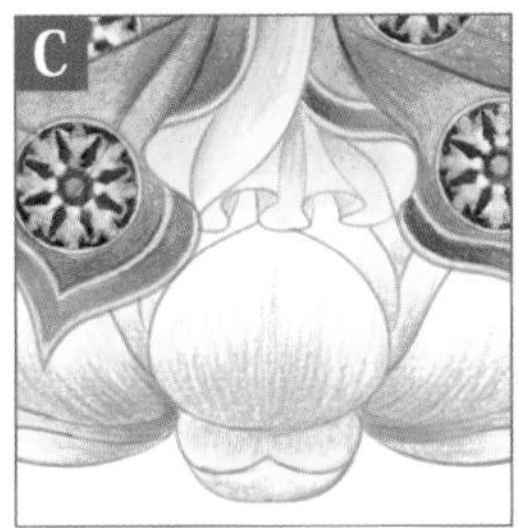

白蓮花一開始用 003 著色，再疊上 033 245 025 001 。

小建議

如來身著粗布衣，原本布料上並沒有圖樣，不過在佛畫中多會加入圖樣。

大勢至菩薩全身像

解説

大勢至菩薩與觀音菩薩同為釋迦如來的脅侍。寶冠中有水瓶，並藏有在眾生心中種下成佛的種子。為了培育種子，需要有智慧之光與水瓶。手結未敷蓮華合掌，代表從種子開出的蓮花花蕾。

利益 除災招福・成長

使用顏色

★041	181
★491	001
☆071	091
☆062	493
☆057	090
☆004	141
025	140
250	

★・☆…肌膚使用的顏色

著色練習

要領&技巧

寶冠水瓶以 004 加入陰影，寶冠用 025 250 491 057 完成著色。

以 181 在透明布料上加入陰影，再用 491 001 塗在布料明亮的部分。

小建議

仔細觀察陰影走向，畫出衣服皺褶該有陰影的部分。

軍荼利明王全身像

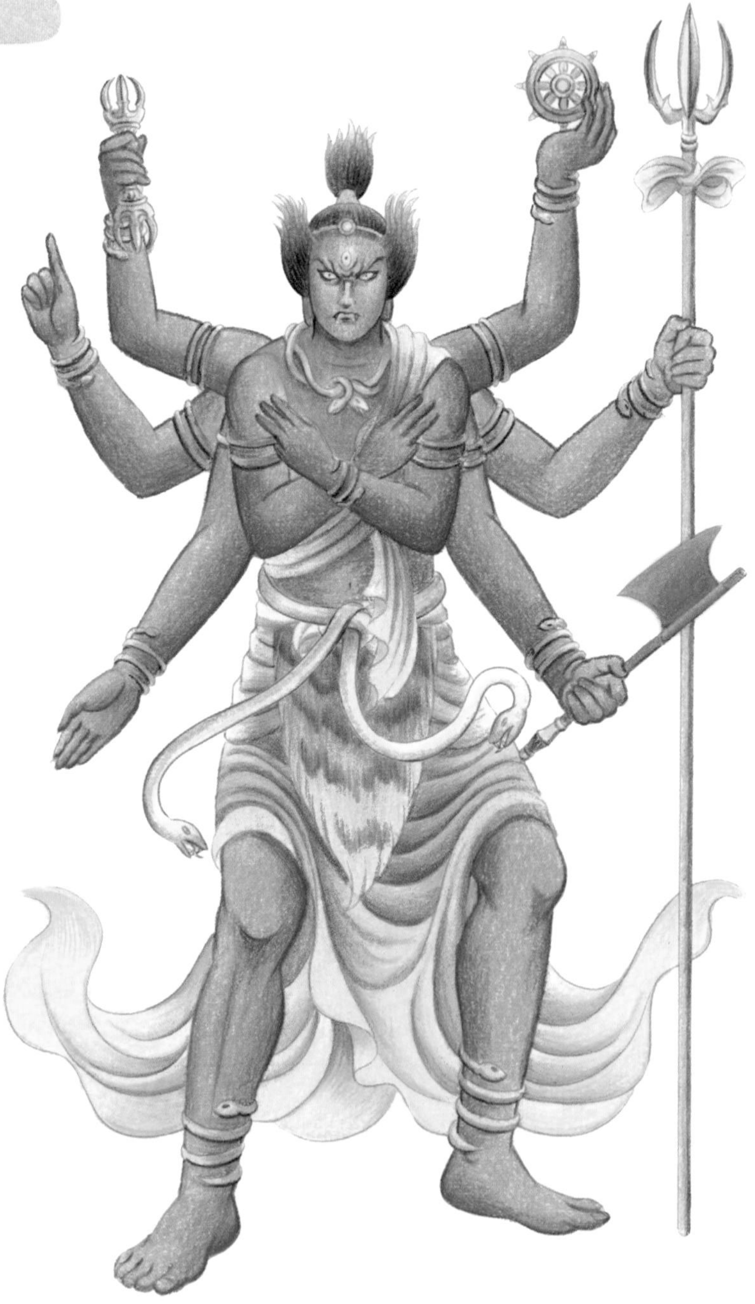

解說

軍荼利明王為密教五大明王之一，鎮守南方。五大明王還包括不動明王（中央）、降三世明王（東方）、大威德明王（西方）、金剛夜叉明王（北方）。

軍荼利明王作結界時，其強大力量使群魔退散，無法靠近。

利益 淨化・惡魔退散

使用顏色

★141	021	075
★003	057	032
★004	043	016
★159	051	018
025	041	491

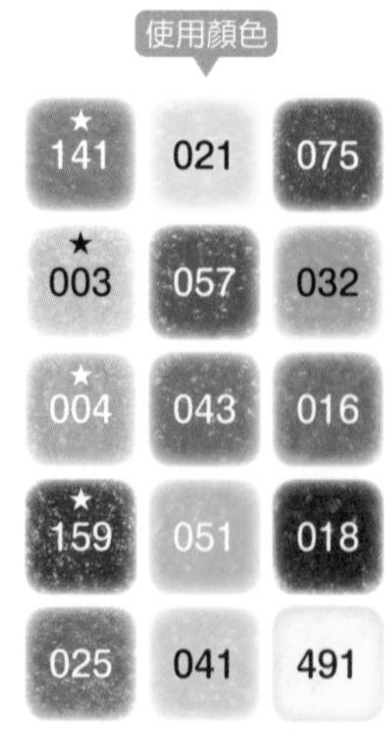

★・☆…肌膚使用的顏色

著色練習

要領&技巧

肌膚用 141 塗上陰影，並用 003 融合後，再用 004 159 塗上深色陰影。

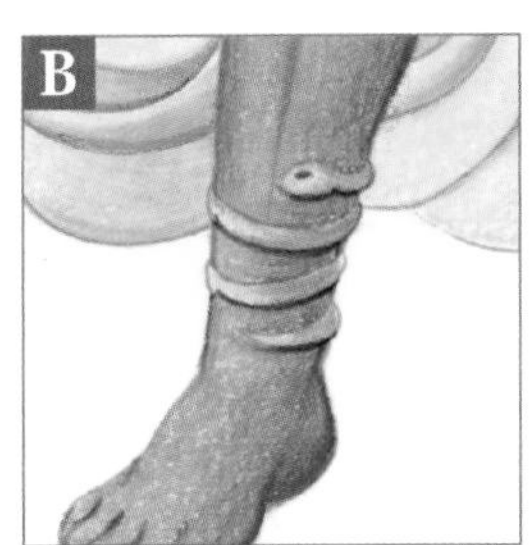

蛇用 025 塗上陰影，用 021 塗出明亮部分，再用 057 塗出深色陰影。

小建議

軍荼利明王身體有蛇纏繞。蛇代表煩惱，而軍荼利明王能將其淨化。

毘沙門天王全身像

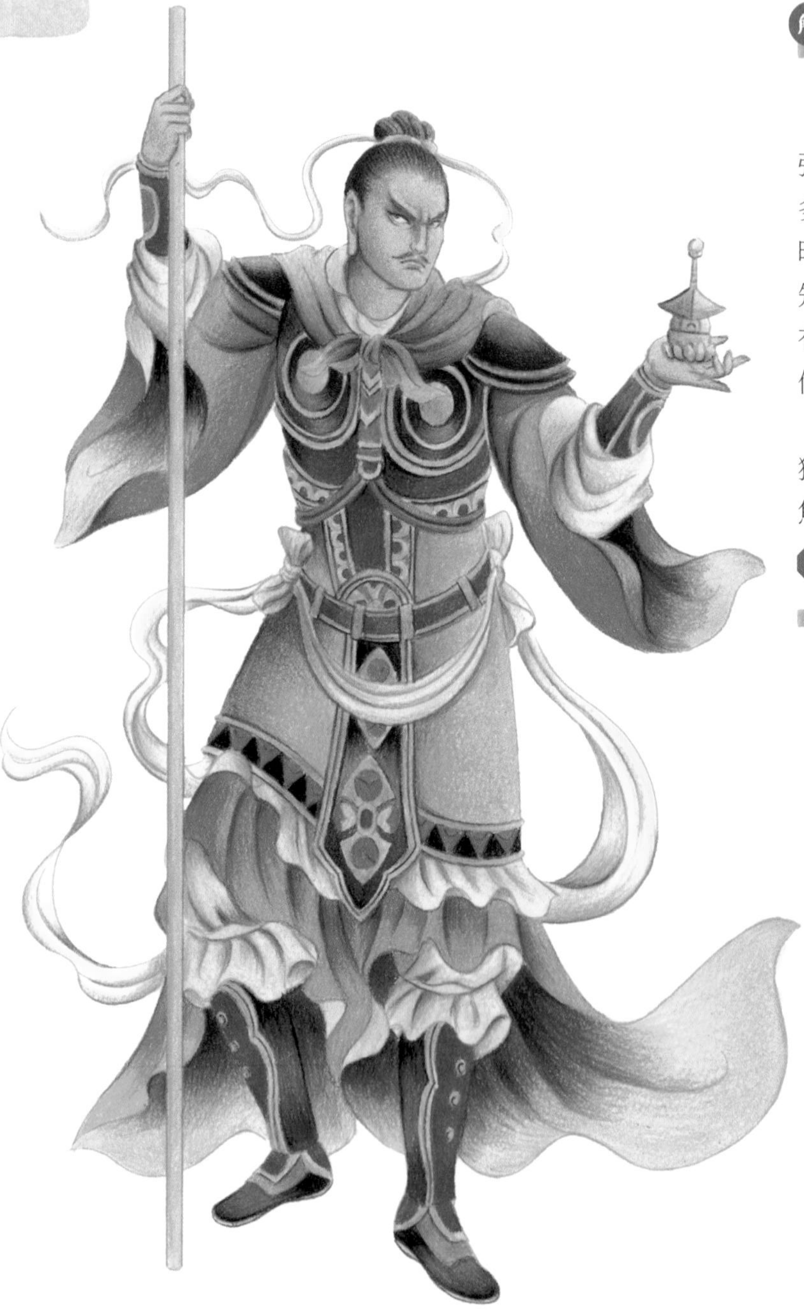

解說

毘沙門天王是天部四大天王中最強的守護者（在四大天王中多稱為多聞天王）。毘沙門天王因受戰國時代武將上杉謙信供奉而為人熟知。世道安樂之後，成為七福神中有名的福德之神，至今仍受到大眾信仰。

四大天王身著中國古代盔甲，勇猛的姿勢與華麗的盔甲成為注目的焦點。

利益 戰勝祈願・福德・生意興隆

使用顏色

★041	070	170
★491	071	130
★062	080	031
★053	111	250
★069	100	496
★004	245	

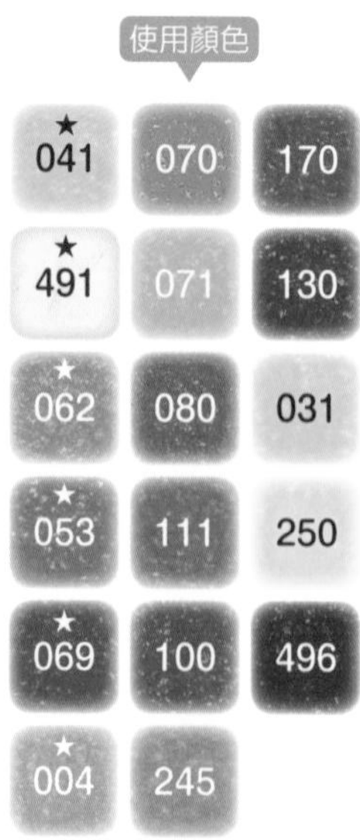

★・☆…肌膚使用的顏色

著色練習

要領&技巧

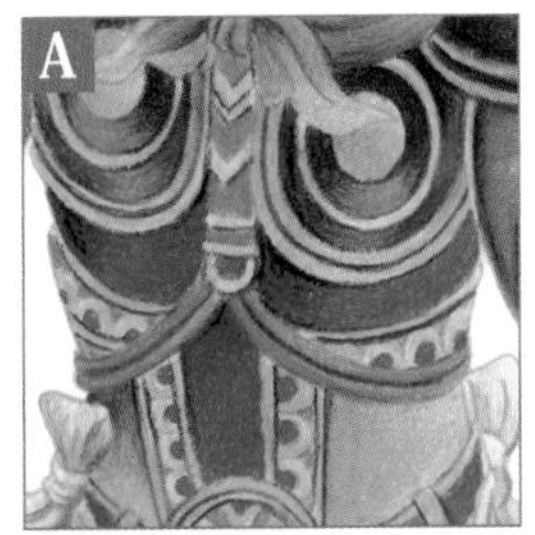

盔甲部分要仔細、悉心畫出金屬堅硬質感。

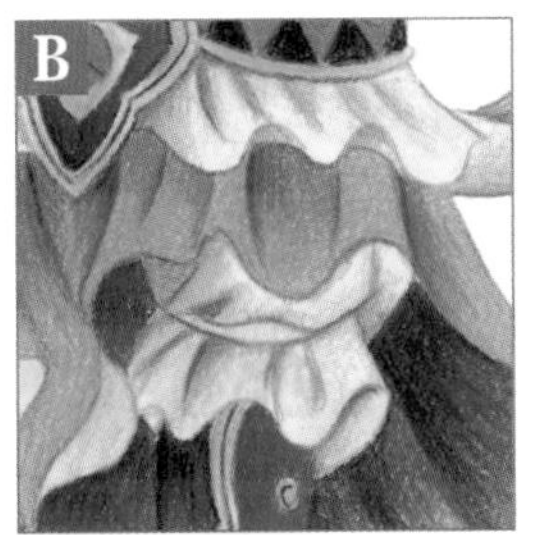

注意布料皺褶紋路，並在裡側塗上較深顏色，描繪出明暗變化。

小建議

請悉心畫出盔甲堅硬部分，以及衣服布料柔軟質感的區別。

辯才天全身像

使用顏色

★041	055
★491	050
☆051	070
★001	080
☆053	111
☆069	091
161	131
004	025
139	191
032	201
011	170

★・☆…肌膚使用的顏色

解說

辯才天為與水有關的女神，多供奉於日本各地的水邊。辯才天的形象多樣，包括本圖中手持琵琶的姿態，以及p.134手持各項武器的「八臂辯才天」等。本範例中的辯才天為受人信仰的福德與才藝之神。

利益 才藝提升・福德・息災

用 161 描繪髮絲，並用 004 重疊在明亮部分，再用 139 著色即完成。

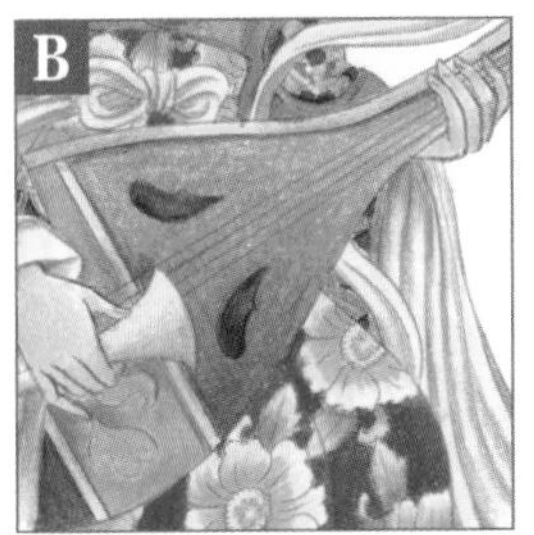

琵琶的木製材質用 032 011 塗上明亮部分，並用 055 069 畫出陰暗部分。

小建議

圖樣華麗細膩，請用削尖的色鉛筆耐心著色。

善膩師童子全身像

善膩師童子為吉祥天女和毘沙門天王的小孩，也是負責毘沙門天王聯絡事務的純真童子。

通常不單獨供俸，多如京都鞍馬寺親子三人一起受到供俸。

不動明王、文殊菩薩、辯才天分別有數名童子跟隨左右，從旁協助或傳達事項。

利益 福德

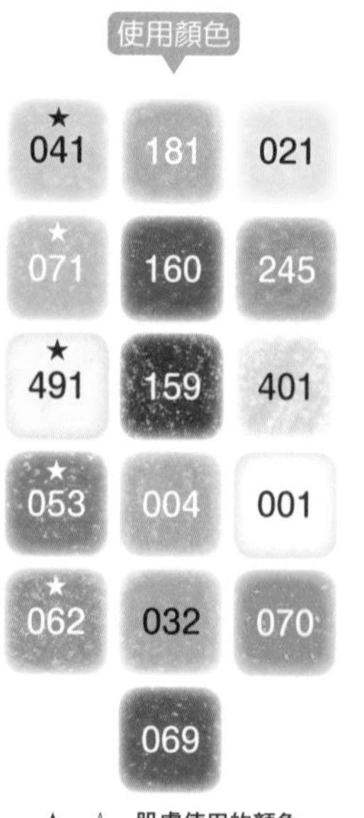

★・☆…肌膚使用的顏色

著色練習

要領&技巧

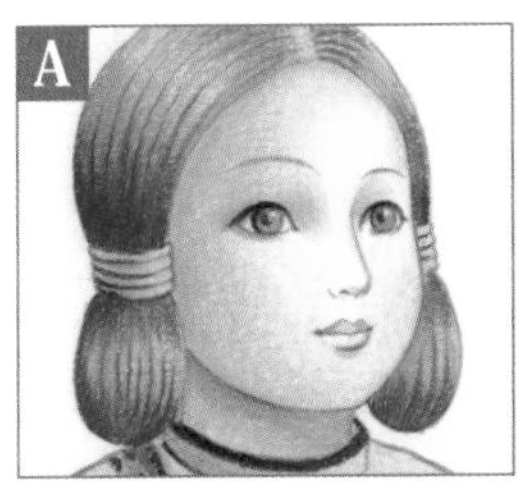

肌膚用 041 塗上明亮陰影，用 071 加上紅色調，並用 491 融合整體，再用 053 062 畫出深色陰影。

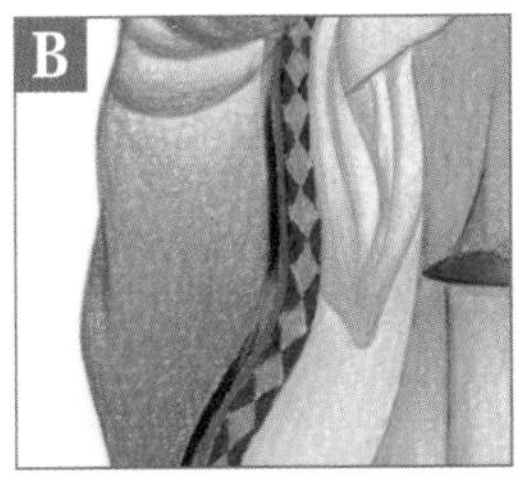

衣袖用 181 塗出明亮陰影，用 160 159 塗出深色陰影，並用 491 塗出明亮部分。

衣服先以 032 著色，用 053 069 塗出陰影，再用 021 491 畫出明亮部分。

小建議

童子為佛的眷屬（※），不同於人世間的孩童，所以著色時表情不要畫得太可愛。

※眷屬：跟隨神佛的侍者。

專欄

佛的法器

佛依職責不同，手持不同的物品，一般稱之為「法器」（如來形象多無持法器，但也有例外，如藥師如來手持藥壺，寶生如來手握袈裟等）。

這裡為大家介紹代表性的法器。

如意寶珠

地藏菩薩、聖觀音

成就所願的珍奇寶珠

法輪（寶輪）

如意輪觀音、馬頭觀音

代表推廣佛教教誨

藥壺

藥師如來

象徵療癒各種傷痛與疾病

未敷蓮華

聖觀音、大勢至菩薩

蓮花花蕾代表持有佛性且禁錮煩惱

寶塔

毘沙門天王、准提觀音

收納佛舍利（釋迦遺骨）等寶物的珍貴塔座

羂索

不動明王、不空羂索觀音

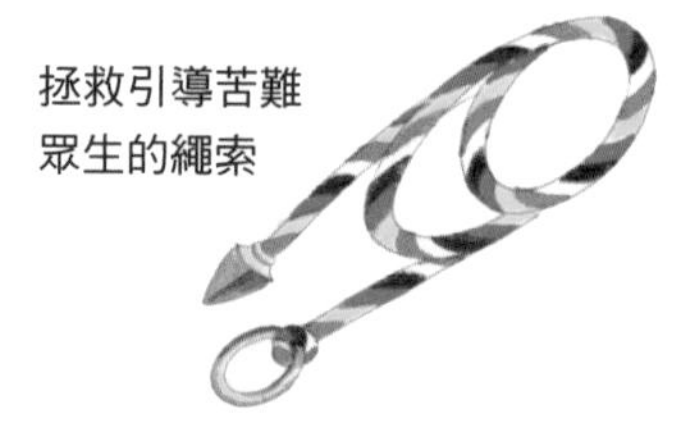

拯救引導苦難眾生的繩索

利劍

不動明王、文殊菩薩

斬斷邪惡，並引導通往佛教教誨

金剛杵

愛染明王（五鈷杵）、藏王權現（三鈷杵）

守護佛法的武器。有五鈷杵和三鈷杵。

第 4 章

神獸著色

第 4 章將為神獸著色。神獸經常伴隨佛描繪於佛畫中，每尊神獸顏色不同，包括白色、金色、綠色、彩虹色等，依主題有各種顏色。請享受繽紛色調，開心著色。

白象

解說

佛教中有各種動物，其中白象相當有名。佛畫描繪的動物與真實的動物不同，擁有獨特的樣貌。「六根象牙」代表佛教為了悟道所需的六項修行。乘坐白象的著名佛尊包括普賢菩薩和帝釋天。

白色象身的著色方法

仔細觀察陰影處並用 004 畫出陰影部分表現出立體感。

重疊 032 016 053 161 250 等顏色，以免顏色過於單調。用 491 001 塗在明亮部分。

白色很難在白紙顯色，只要在陰影處加上冷暖2種色調，就能營造出立體感。先塗上紅色等深色部分，會比較容易上手。

著色練習

孔雀

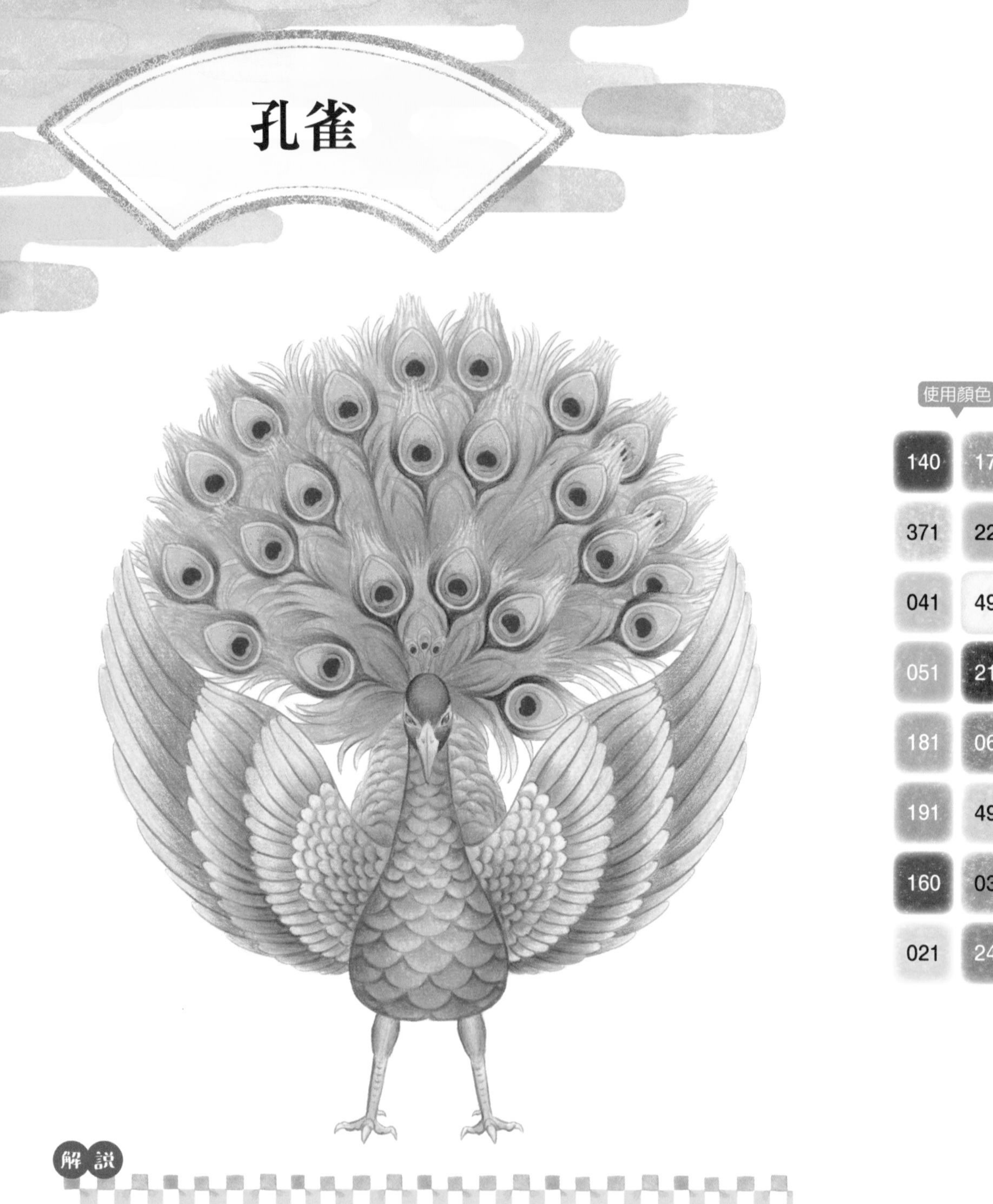

解說

孔雀會吃毒蟲和眼鏡蛇，象徵除去惡毒和苦痛而為人信仰。乘坐孔雀座騎的有名佛尊為孔雀明王，其座騎為金色孔雀。另一個少見的例子還有乘坐孔雀的寶冠阿彌陀佛像。

要領&技巧

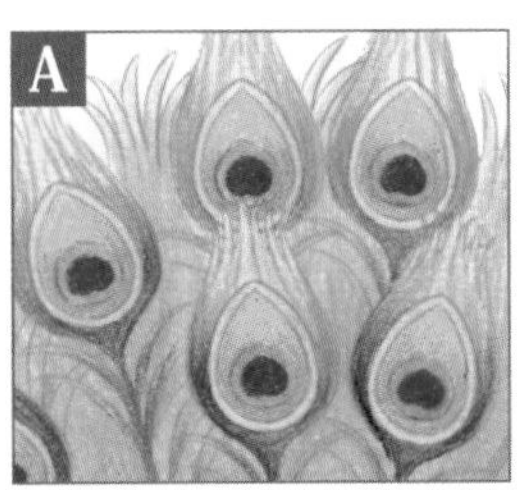

羽毛的深藍色用 140，水藍色用 371，橘色用 041 051，綠色用 181 191 160 021 等著色。

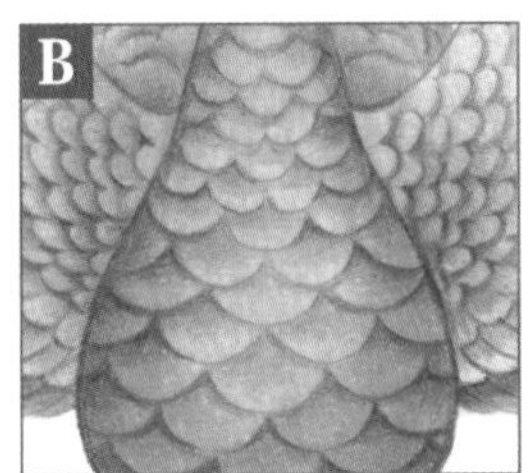

身體的陰影部分用 160 140，明亮的部分用 171 191 221 491 等著色。

小建議

實際的孔雀羽尾為更纖細層疊的羽毛，為了方便著色，大略描繪羽尾形狀。請用綠色和黃色著色，表現顏色強弱變化，以免過於單調。

著色練習

金龍

使用顏色

021
025
069
055
011
491
004
141
070
051
080

解說

金龍為象徵財運亨通的龍，很受大家歡迎。龍為源自古代中國的神話生物，在日本，降雨時多代表「雨來的不是時候～」，但密教認為降雨代表龍讓天降甘霖，為諸佛齊聚於此的證明。

金色龍身的著色方法

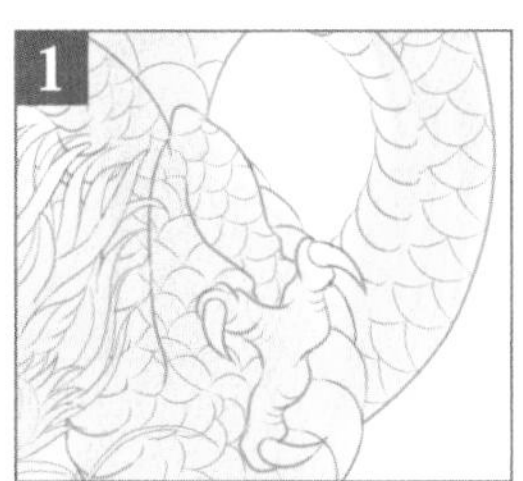

先用 021 為全部打底。著色時不要塗出線稿，超出一點點也不用太在意。

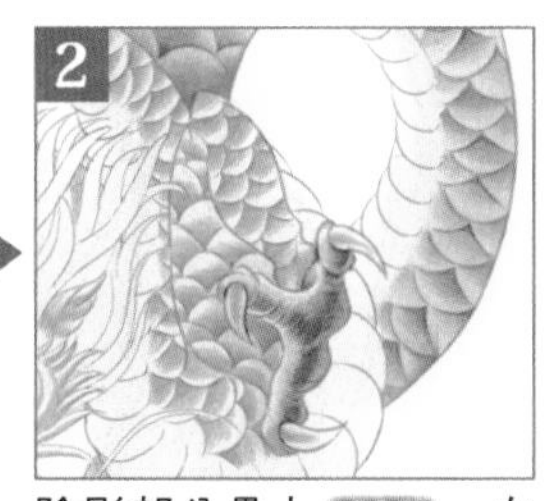

陰影部分疊上 025 ，左前爪位在最前面，特別用 069 加強著色，營造距離感。

小建議

龍的蛟紋（腹部）用 080 070 021 塗上鮮豔的紅色。

著色練習

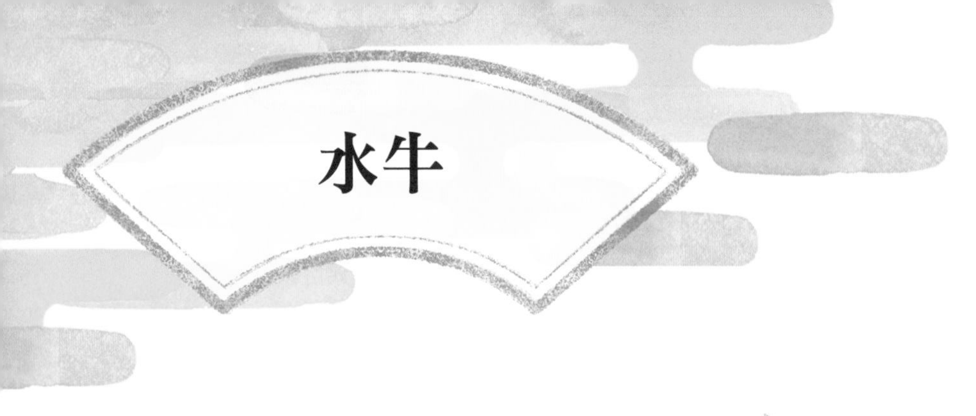

水牛

使用顏色

181
171
491
141
150
003
025
069
021
041
053
075
131

解說

在五大明王大威德明王，和天部大自在天的佛畫中，都可見到水牛的描繪，較少見的例子有馬頭觀音乘坐的形象。水牛因為不論前方多麼泥濘都腳踏實地前行，代表跨越障礙努力到達目的地。

要領&技巧

牛頭用 181 171 491 畫在明亮的陰影部，並以 141 150 003 畫出深色陰影部分。

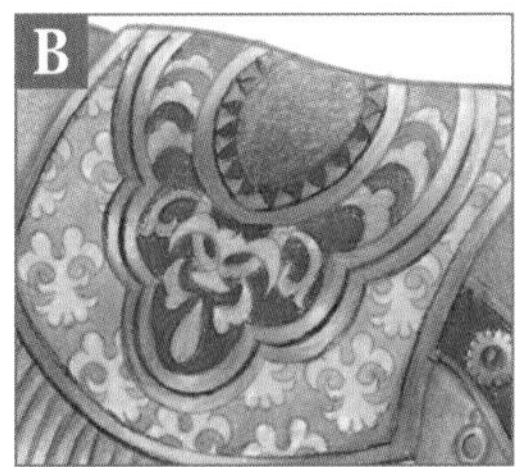

金色用 025 畫出陰暗部分，再用 021 491 畫出明亮部分。

小建議

佛畫中出現的水牛為了讓佛乘坐，多身披華麗裝飾。而且水牛背上還有蓮座，以提供佛乘坐。

著色練習

獅子

解說

獅子為文殊菩薩的座騎而有名。範例中的獅子在佛畫佛像中也多繪成綠色的樣貌。另外在曼荼羅上繪有大日如來乘坐 7 頭獅子的形象。

要領&技巧

獅子口內用 051 057 080 著色，請注意不要塗成正紅色。

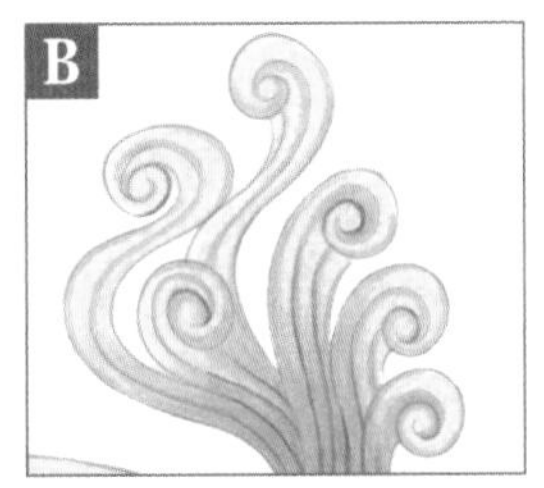

獅尾以及鬃毛用 191 170 491 231 著色。

小建議

這裡的獅子為「神獸」，與普通動物獅子不同。在神社或寺院入口處，張嘴的稱為「獅子」，閉口的稱為「狛犬」。

著色練習

野豬

解說

範例描繪的野豬背負著新月，為摩利支天的座騎。摩利支天為海市蜃樓的神格化，不可見、不可知，簡而言之不可捉。據說以野豬代表其對功德感應加持的快速。摩利支天也是受到戰國武將信奉的佛。

要領&技巧

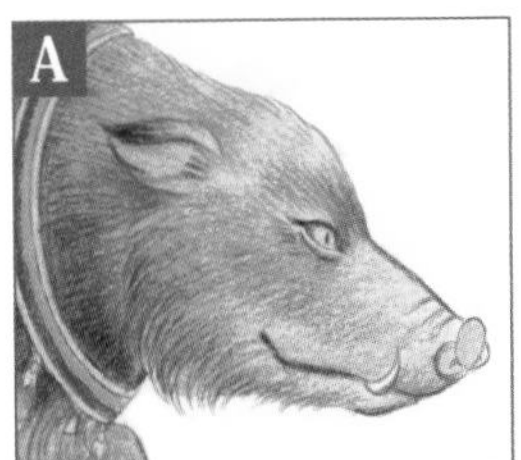

以眉間周圍為起點畫出全臉的毛流。

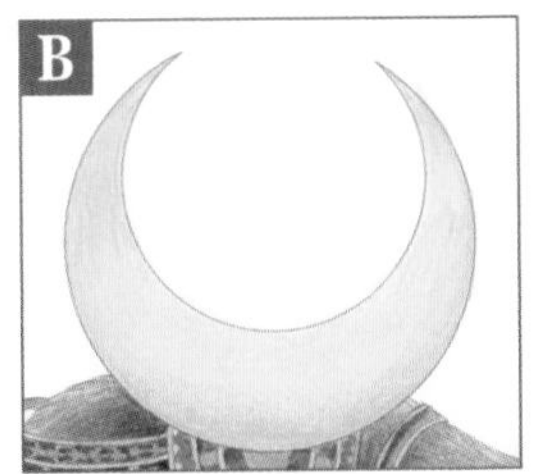

新月全部以 011 491 著色，並用 231 淡淡重疊在下緣部分。

野豬原本的顏色較暗，臉部稍微有點可怕，因為佛乘坐的座騎，請用明亮的顏色著色。

著色練習

迦樓羅

解說

迦樓羅在印度神話中為食龍的神鳥，又名金翅鳥。比較少見的例子有不空成就如來乘坐迦樓羅座騎的佛像。

要領&技巧

金色身體以 011 021 031 491 塗出明亮部分，再使用 025 053 069 塗出陰暗部分。

用 069 畫出眼睛輪廓，便眼尾密合上揚。眼珠再用 371 著色。

小建議

迦樓羅又名金翅鳥，所以為金色飛鳥，但是並非全部塗成金色，請如同範本般在局部點綴上不同的顏色，畫出華麗樣貌。

著色練習

專欄

佛的利益

佛各司其職，依其職責有相應的「利益（恩惠與幸福）」。這裡以本書收錄的佛為主，列出利益明細。

有祈願或苦惱時，可參考以下明細，決定描繪哪一尊佛。

佛與利益
大日如來▶p.94 ・一切成佛・現世安穩
阿彌陀佛▶p.50 ・滅罪・敬愛
釋迦如來▶p.64 ・拔苦與樂・滅罪生善
藥師如來▶p.98 ・疾病痊癒（尤為眼疾） ・身體健康・心神寧靜
普賢菩薩▶p.52 ・滅罪・延命・守護女子
文殊菩薩▶p.114 ・智慧・學問
聖觀音▶p.102 ・除災・敬愛
十一面觀音▶p.106 ・無病息災・成就所願

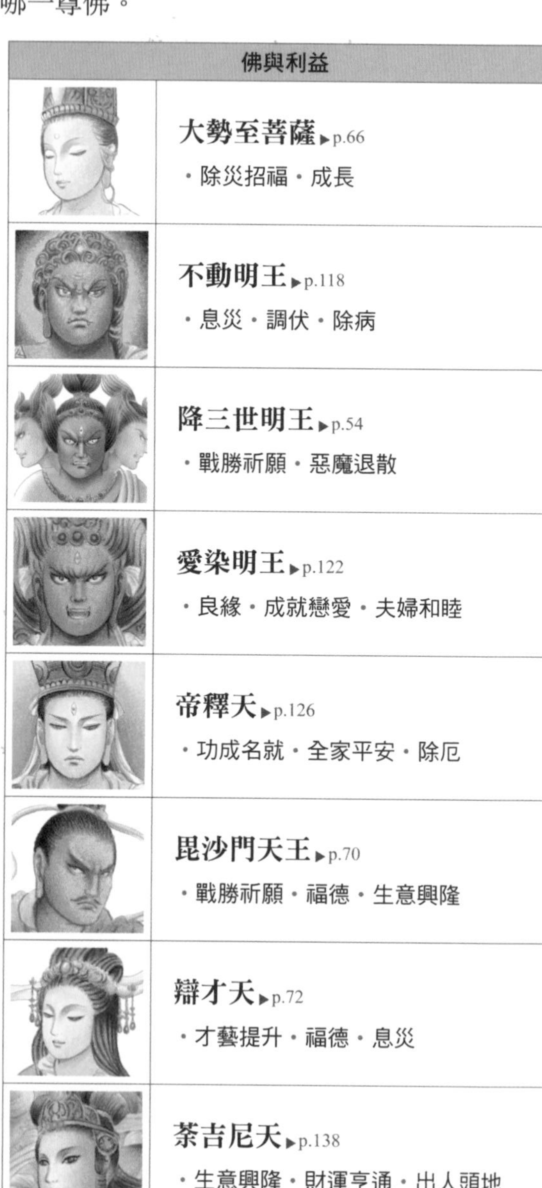

佛與利益
大勢至菩薩▶p.66 ・除災招福・成長
不動明王▶p.118 ・息災・調伏・除病
降三世明王▶p.54 ・戰勝祈願・惡魔退散
愛染明王▶p.122 ・良緣・成就戀愛・夫婦和睦
帝釋天▶p.126 ・功成名就・全家平安・除厄
毘沙門天王▶p.70 ・戰勝祈願・福德・生意興隆
辯才天▶p.72 ・才藝提升・福德・息災
荼吉尼天▶p.138 ・生意興隆・財運亨通・出人頭地

第 5 章

佛畫著色

第 5 章是集本書之大成，將為佛畫著色。比起截至第 4 章的題材，加入了光背等元素，繪圖更精緻複雜。請仔細對照範本，慢慢悉心著色。大家將感應到與佛的連結，獲得內心的寧靜。

大日如來圖

解說

大日如來意味著「偉大的太陽」，其存在誕生世間諸佛。

所有的佛都與大日如來有關，而我們世俗人間也與大日如來息息相關。

大日如來不同於其他如來，形象如菩薩一般。在密教曼荼羅「金剛界曼荼羅」和「胎藏界曼荼羅」中央都呈現這樣的形象，兩邊的造型一樣，但手印不同。

本頁的大日如來為胎藏界曼荼羅中描繪的形象，手結法界定印（p.62）。金剛界的大日如來手結智拳印（p.28）。

利益 一切成佛・現世安穩

使用顏色

★021	★041	★491	☆071	☆062	☆053	☆057	★003	★001	141	139	496	055	070	080
025	016	018	030	221	210	160	371	150	140	032	111	100	130	

★・☆…肌膚使用的顏色

光背塗出美麗漸層

全部用 021 打底塗色。先塗出底色，讓整體色調沉穩一致。

為光背下部著色。一開始用 496 055 070 這 3 色薄塗著色，再用 496 加深、塗滿區塊。

金色部分用 025 021 491，綠色部分用 016 018 著色。外側顏色與步驟2相同。

留意細節並塗出華麗配色

光背上部中央有許多顏色的部分，用個別單色搭配 001 著色。火焰則用 030 021 070 著色。

大日如來雖為如來，因為是身份特別的如來，身著如菩薩般的華麗配飾。請一一悉心著色。

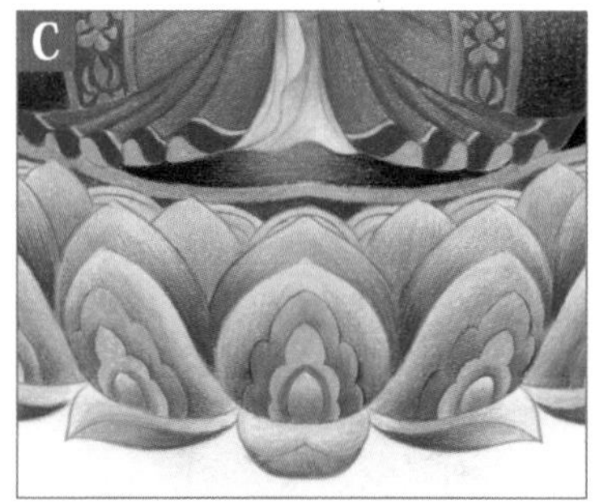

綠色部分用 221 210 160，藍色用 371 150 140，紅色用 070 080，而黃色則用 032 491 著色。

小建議

著色要領在於如光背下部般在塗上不同顏色漸層時，不要劃分顏色邊界，讓顏色少量微微地重疊，畫出自然漸層的效果。

範本

藥師如來圖

解說

藥師如來為東方淨琉璃世界的教主，正式名號為「藥師琉璃光如來」。左手持藥壺，右手位置稍上，溫柔安撫般地向眾生揭示「無所畏懼」。

藥師如來有「十二大願」，其中誓願「除去眾生疾病」，所以特別受人供奉為治癒疾病的佛。

自佛教傳進日本，藥師如來就為人信仰，多與脅侍的日光、月光菩薩一同受人供奉，眷屬有十二神將。

利益 疾病痊癒（尤為眼疾）・身體健康・心神安寧

使用顏色

★032 ★491 ★493 ☆062 ☆004 ☆161 221 371 150

140 191 201 131 111 160

★・☆…肌膚使用的顏色

畫出肌膚的白皙與衣服的漸層

用 032 加在陰影的部分，著色技巧為悉心仔細塗色。明亮部分用 491 著色。

明亮部分接著用 493 薄薄塗色，用 062 塗在陰影處。陰影加入 004 161 可讓肌膚與背景的藍色系色調更為融合。

衣服用 161 畫出陰影後，再重疊 491 融合後，依序用 221 371 150 畫出明亮部分即完成。

光背不可塗得過於醒目

光背先用 140 著色。圖樣細節使用力道稍大的筆觸仔細填色。

用 191 畫出佛身周圍散發的淡淡光芒。著色時與 150 的顏色交界稍微重疊，可表現出漂亮的效果。

用 493 等為圖樣著色。光背為主角佛身後的背景，著色時請注意避免太醒目，不需要刻意強調突顯。

小建議

藥師如來為「淨琉璃世界」的如來佛，所以整體描繪成藍色系（琉璃色）。分別使用綠色系和藍紫色系的藍色等著色，並在局部加入雅致的粉紅色，避免顏色過於單調。

範本

聖觀音圖

提到佛，大家最先想起的便是觀音菩薩。觀音菩薩常被暱稱為「觀音」，正式名號為「觀自在菩薩」。為了因應救助的眾生，形象「自在」「變化」，所以會幻化成千手觀音等，為形象多變的觀音。除了變化觀音以外的基本形象稱為「聖觀音」。

觀音菩薩與其他菩薩的相貌差距不大，特徵是寶冠上坐著一位頂上化佛（阿彌陀佛）。

利益 除災・敬愛

★・☆…肌膚使用的顏色

畫出肌膚的白皙與寶冠的精緻

1 先從肌膚開始著色。請留意面容為鵝蛋臉，要畫出側臉和下巴的陰影等。

2 頭髮用 141 等的藍色系薄塗著色。並非平塗著色，而是要沿著髮絲著色。

3 悉心仔細為寶冠著色。清楚畫出頭髮和肌膚的交界，才能突顯面容。

背景塗上與髮色協調的粉紅色

1 背景用一般的粉紅色較不合乎佛的形象，所以重疊加上少許的灰色表現出雅致的色調。

2 用 091 090 071 等著色後，再重疊一層 401 的灰色，讓色調更加沉穩。深色部分也用 004 著色。

3 櫻花以 493 071 為主局部著色，陰影加入少許的 401 ，白色部分則用 001 著色。

小建議

肌膚明亮部分用 491 001 著色，若想畫出肌膚的透明感，加大 001 的著色面積。面部周圍的頭髮用 159 清楚著色，可突顯面容。

範本

十一面觀音圖

十一面觀音為守護、救濟眾生的佛，全方位顧及，不遺漏一人。頂上頭面共有 5 種表情，分別代表以下含意。

①**真實面**：原本的真實面

②**佛面**：頂上頭面的阿彌陀佛。

③**菩薩面**：正面三面，表情慈悲。

④**瞋怒面**：左側三面，表情忿怒。

⑤**狗牙上出面**：右側的三面。露牙並對行為端正的眾生（包括人的所有生物）勸進佛道。

⑥**暴惡大笑面**：正後面，嗤笑惡行。

利益 無病息災・成就所願

★・☆…肌膚使用的顏色

畫出肌膚立體感、留意頭髮陰影

肌膚一開始用 041 塗上陰影，再用 062 033 塗上深色陰影，以 071 塗出紅色調，再疊上 491 001 融合。

頭髮一開始用 141 沿髮絲著色。然後再重疊 003 371 融合，用 159 加入陰影，在局部加上 111 。

面部陰影加入 004 ，提升精緻度。寶冠一開始用 025 塗上陰影後，用 021 491 融合，在陰暗部分加入 069 。

背景著色時要考慮色彩的協調

背景圓形內側，從外側往內依序塗出 069 062 300 031 491 的漸層。

環形紫色用 111 著色，並用 100 上出陰影。葉片偏黃部分用 031 033 ，偏綠部分用 245 018 著色。

一邊確認色彩平衡，一邊完成著色。亮綠色的圓形用 201 ，金色則用 033 025 491 著色。

小建議

十一面觀音為負責六道（佛教依眾生生前行為，將死後前往的世界分為 6 界）修羅道的佛，因此請描繪成較嚴肅的面容。

範本

蓮臥觀音圖

蓮臥觀音為觀音菩薩變化的三十三觀音之一，為乘坐蓮花的觀音。三十三觀音為法華經中觀音菩薩的三十三種應化身，所以出現了有名的「三十三觀音靈場」，選定一般信眾供奉的 33 種觀音。

江戶時代出版的土佐秀信著作『佛神靈像圖彙』（當時的佛像導覽書）裡，描繪的三十三觀音多為白衣觀音，本頁的蓮臥觀音也描繪成白衣形象。或許是如此讓許多人腦中想到的觀音形象多身著白衣。

利益 滅罪・除厄

使用顏色

★・☆…肌膚使用的顏色

加入各種色調畫出白衣的白色調

白衣先用 371 塗上陰影，明亮部分留白，所以請仔細觀察陰影部分。

接著用 111 塗上陰影。布料層疊部分或內側部分等，多為常見的陰影部位。

其餘白色部分用 001 著色，也加上少量 011 。用 150 和 003 的混色塗出最暗的陰影。

整體加入少量金色，調和色彩

蓮花花瓣用 091 090 著色，接近中央的部分偏白色。白色部分使用 001 011 著色。

蓮葉也塗上黃金色。用 031 021 塗在明亮部分，並用 025 053 069 塗在陰暗部分。

為了突顯前方白衣，加深光背金色邊緣部分的顏色。細緻的金色裝飾也請悉心著色。

小建議

白衣為著色主要題材，所以請留意避免顏色過於單調。白衣使用藍色、紫色、淡黃色、灰色等，塗上各種顏色，讓色調更豐富、更有層次。

範本

文殊菩薩圖

解說

文殊菩薩的正式名號為「文殊師利菩薩」。一如廣為人知的格言「三人寄れば文殊の智慧（中文意思為：三個臭皮匠勝過一個諸葛亮）」，為掌管智慧的佛，所以利益為學問提升與祈願合格。

文殊菩薩有 5 個髮髻，一般製作佛像雕刻時，將髮髻做前後排列呈現立體輪廓，而繪製佛畫時，為了看到全部髮髻刻意以平面畫出。

p.60 制多迦的 5 個髮髻以立體描繪，本頁的文殊菩薩則將 5 個髮髻並列繪出。此種描繪技法也運用於描繪十一面觀音的 11 頭面。

利益 智慧・學問

使用顏色

★041	★491	☆071	☆053	☆062	★001	☆057	130	131	141	161	221
371	111	171	300	181	021	150	200	025	091	090	100

★・☆…肌膚使用的顏色

光背畫出濃郁的深色

先薄塗光背的深色。再從外側依序塗上 130 131 141 161 221 491 的顏色，塗出漸層效果。

接著用步驟1相同的顏色，加深著色。技巧為色鉛筆削尖，如填滿紙張紋路般著色。

花朵用 371 111 171 001 著色。要呈現淡淡的色彩效果，所以請小心避免塗色過濃。

獅子避免塗得太醒目

主角為文殊菩薩，所以請將獅子當成背景小心著色。先用 371 加入陰影。

鬃毛前端用 300 181 021 薄薄地塗色。再加入少許的 171 161 141 150 等藍色系顏色。

塗上與步驟2相同顏色即完成。使用 300 057 悉心畫出生動靈活的眼睛。

小建議

此為乘坐座騎的構圖，因為主角為佛，著色時請小心避免將獅子塗得太醒目、過於強調，最好同畫成背景的一部分。

範本

不動明王圖

解說

不動明王為明王的代表，以「不動尊」之名廣為人知並受到大眾信仰。

藍黑色的面容，加上忿怒表情，乍看令人感到害怕，其實為大日如來的化身。滿懷強烈慈悲心，全力救濟苦難眾生。

右眼看天，左眼看地，稱為「天地眼」的雙眼，凝視世間種種。

背後的「火焰光背」可看到似鳥頭的部分，稱為「迦樓羅炎」，為 p.90 的迦樓羅化為火焰的形狀。

利益 息災・調伏・除病

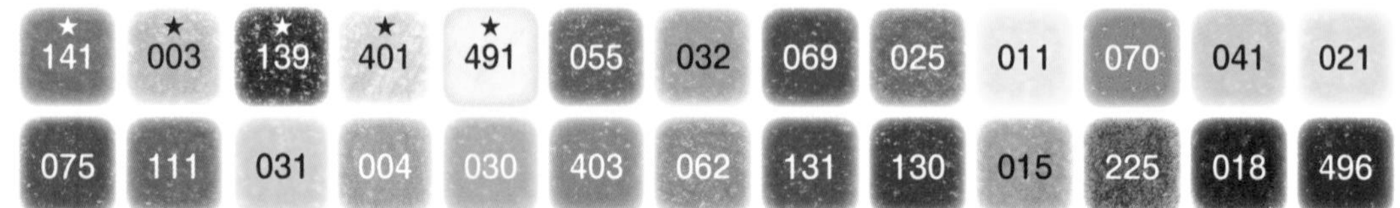

★・☆…肌膚使用的顏色

用陰影調整表情

忿怒的表情，以強調眉間與眼窩的陰影等，透過增加陰影表現出來。請依喜好調整。

捲曲髮辮一開始用 055 沿捲曲髮絲著色，再重疊 032 融合。深色陰影再用 069 139 著色。

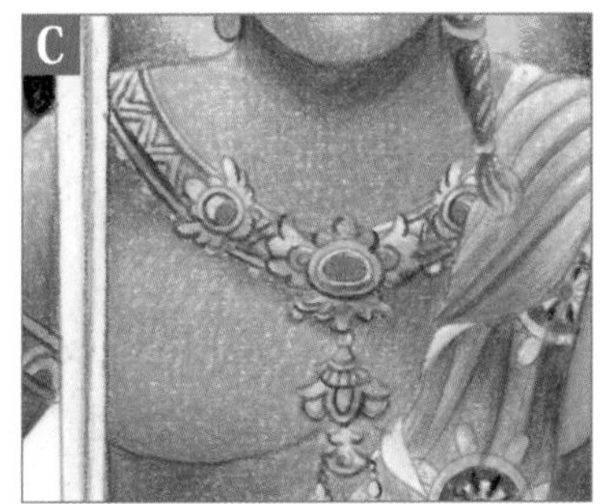

金屬用 025 加入明亮陰影，最亮的部分用 011 491 著色。深色陰影用 069 著色，欲特別強調的部分加入少許的 139 。

表現材質的差異感

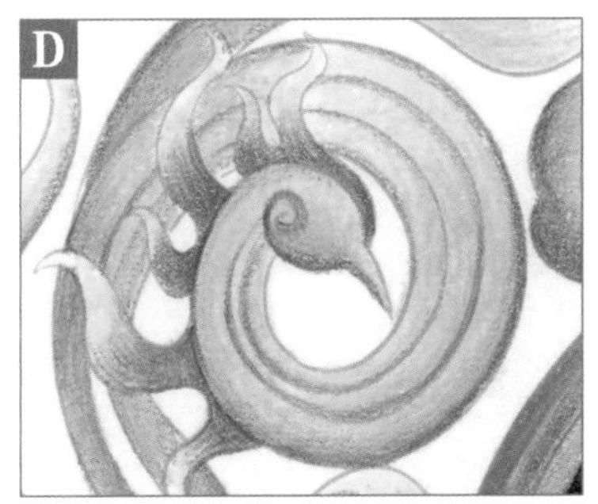

火焰用 070 沿陰影以及紋路著色，再重疊 041 。前端部分用 011 021 491 薄薄塗色，並用 075 塗上最深的紅色。

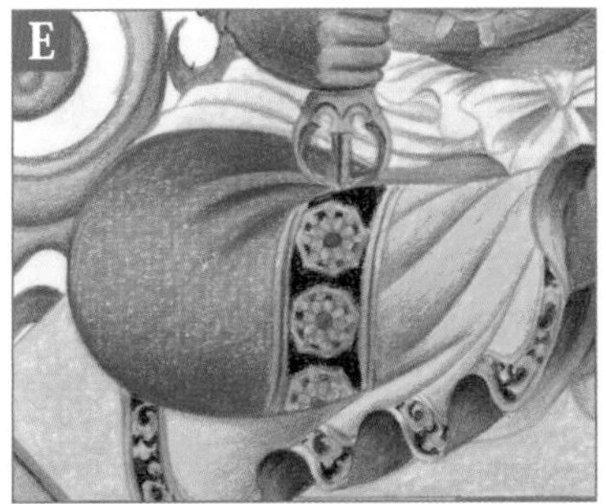

紫色衣服部分先用 111 塗上明亮陰影，之後再重疊 003 融合。

座台灰色的明亮部分用 401 ，而中間陰影用 055 141 004 ，最暗的陰影則用 139 403 著色。

小建議

不動明王的佛像，有強調忿怒表情的面容，也有大眼親切的面容，形象多樣。比較各地不動明王的差異也別有一番趣味。

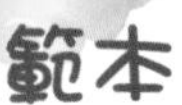
範本

著色練習

愛染明王圖

解說

愛染明王為淨化愛欲，引領開悟的佛。其形象為全紅的忿怒相。

在密教教誨中，不論多強烈的煩惱或愛欲並不會阻礙開悟，這些迷惘都是為了開悟的必經之途，稱為「煩惱即菩提」，愛染明王正是這種想法的象徵。不限於男女之間的愛情，也是祈願獲得好人緣而受人信仰的佛。

愛染明王的佛像，除了本頁的形象，還有像丘比特般手持弓箭朝天的樣貌，稱之為「天弓愛染明王」。

利益 良緣・成就戀愛・夫婦和睦

使用顏色

★・☆…肌膚使用的顏色

肌膚避免塗得太暗

肌膚全部用 070 大略著色。塗好後再用棉花棒將顏色暈染開來。

使用 080 075 補塗陰影後，用 041 融合整體，再用 050 塗色補足飽和度。

愛染明王的肌膚與 p.130 的阿修羅相比，稍微塗成偏橘的顏色。請依喜好調整。

光背畫出閃耀光輝，迦裟畫出華美配色，座台畫出異於肌膚的紅色

為了突顯肌膚的紅色，光背以金色為主要著色。顏色使用 031 011 035。

為了突顯肌膚的紅色，迦娑（僧衣的一種）用藍色系著色。底座的亮色使用 191 171。

蓮座使用不同於肌膚色系的紅色。顏色使用 080 493 071。

小建議

愛染明王最上面的左手持有眾生的各種祈願。另外，本繪圖並未畫出蓮座下的寶瓶，也就是愛染明王乘坐在寶瓶盛開的蓮花上。

範本

帝釋天圖

帝釋天與梵天同為天部位階最高的佛，為佛教吸收自古印度最強神祉因陀羅。

擁有毘沙門天等天部四大天王等部下，巧妙指揮戰爭軍隊，守護須彌山。

以帝釋天製作的佛像很少，因此以京都東寺的佛像最為有名。其乘坐白象，相貌凜然的立身像，也被稱為佛像界第一美男。

另外，因寅次郎而有名的柴又帝釋天並沒有帝釋天的佛像，而是安置了一幅描繪帝釋天樣貌的「板本尊」。

利益 功成名就・全家平安・除厄

使用顏色

★・☆…肌膚使用的顏色

光背畫出與帝釋天不同的色差

光背綠色部分使用 191 221 210 170 159，橘色部分使用 021 031 032 491 塗出漸層效果。

避免光背上部的橘色過於明顯，重疊少許的 221 等綠色，一邊調和色彩，一邊完成整體著色。

避免背景蓋過帝釋天的服裝顏色，選用較醒目的顏色。衣袖的紫色用 111 032 091 001 薄薄地塗色。

配合各項元素的著色方法

為帝釋天著色時，請留意臉部為凜然表情，而不是像四大天王或明王般的忿怒相。

東寺帝釋天手持獨鈷杵（前端為一鈷），這裡描繪成另一種形象，為手持經典敘述的三鈷杵（前端為三鈷）。

白象主要用 004 003 冷色系的灰色著色，象鼻等位在前面，所以用 032 035 等加強色調。

小建議

依繪畫主題，有時會將背景與人物顏色同化，但在這幅畫中，使用突顯人物在前的配色，背景除了光背的橘色，克制其他顏色的使用，讓人物更為醒目。

範本

阿修羅圖

解說

阿修羅為釋迦如來的部下，為守護佛教與其信眾的八部眾之一。

阿修羅因自己的女兒舍脂，與帝釋天長年征戰不斷。

原為鬼神，所以表情為忿怒相，不過在奈良有名的興福寺阿修羅像如少年般面部蘊藏憂心表情，令人玩味。

因為較少單獨供奉，所以佛像的創作較少，「阿修羅等於興福寺」說明其佛像成為一般既定印象。

興福寺的佛像為 8 臂，範例以經典造型描繪 6 臂的樣貌。

利益 戰勝祈願・延命

使用顏色

★070	★071	★491	★080	★069	043	053	004	139	140	001	141
370	025	021	041	030	032	062	039	496	371	191	

★・☆…肌膚使用的顏色

要領&技巧

畫出臉部端正凜然的表情

一邊留意畫出鵝蛋臉，一邊畫出面部深色陰影。用 070 塗上陰影，再重疊 071 491 使之融合。

紅色不是很好塗色，請耐心慢慢地著色。深色陰影用 080 069 著色。

肌膚最深的陰影部分加入 069 。頭髮則用 043 069 053 著色，最深的部分用 139 著色。

身體為紅色，光背為深藍色，衣服要畫出布料的柔軟質感

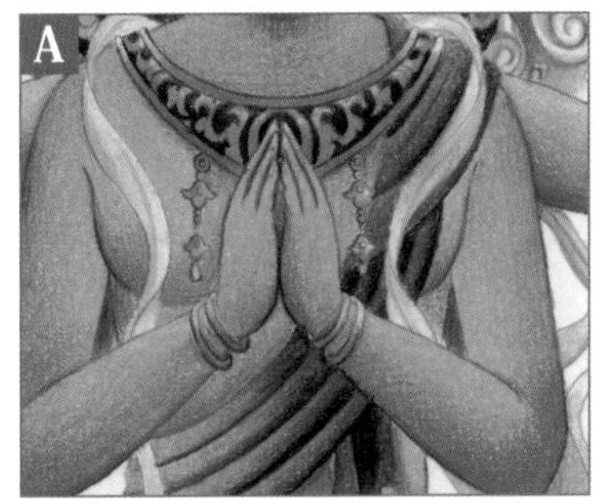

身體陰影若將肌肉等表現得過於明顯，會顯得太寫實，還請小心對照畫出陰影。

將肌膚的紅色和光背的深藍色表現顏色對比。將背景的藍色悉心塗滿，能讓肌膚的紅色更為顯眼。

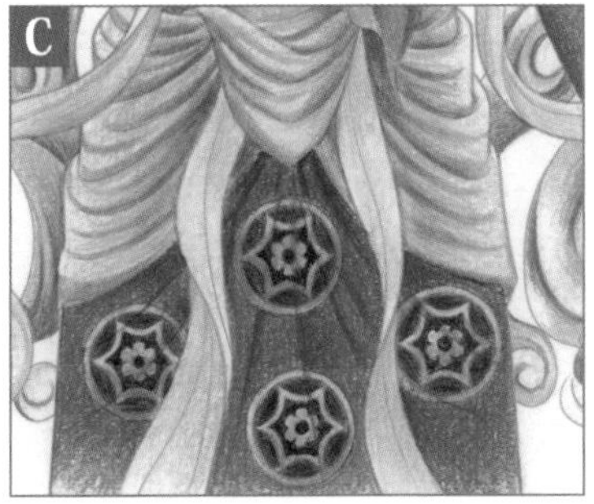

先將衣服的圖樣著色，再塗衣服的布料。布料用 140 001 著色，圖樣上也用 141 加入陰影。

小建議

阿修羅原為鬼神，興福寺的佛像讓人印象深刻，所以範例也描繪成端正凜然的相貌而非可怕的表情。著色時，要對比出肌膚的紅色與光背的深藍色。

範本

八臂辯才天圖

八臂辯才天與 p.72 手持琵琶的辯才天不同，形象為相貌莊嚴的持劍戰神。此為『金光明最勝王經』描述的姿態，為了鎮護國家，與諸佛持續祈願。

八臂辯才天最有名的形象為有如竹生島或江之島的佛像般，頭頂鳥居和坐有宇賀神（蛇神）的「宇賀辯才天」。這次描繪的即為此著名形象，與經典描述的八臂辯才天形象不同，形象並無從根據，而是以神佛習合為發想，創作自日本神宇賀神與佛教辯才天的習合。

利益 鎮護國家・福德

使用顏色

★・☆…肌膚使用的顏色

完整塗出光背的黑色

光背使用 496 的黑色悉心著色，接近中央的部分塗上 403 。顏色重疊部分避免畫出明顯的顏色交界。

使用 035 032 025 加入金色深色部分，明亮部分使用 011 250 491 。

紅色為接近朱紅色的紅色調。一開始先用 070 著色，接著在明亮部分用 051 ，陰暗部分則用 080 069 來著色。

留意細節仔細著色

八臂辯才天為掌管戰爭的佛，所以要畫出眼睛和眉毛的莊嚴感。眼周用 051 加入紅色調，表現女性氣質。

寶冠上有一座鳥居，內側坐著一尊小小宇賀神，此為重要特徵，請悉心著色。

每件法器各具意義，並遙想法器的意涵，一邊著色。

小建議

八臂辯才天手持各種法器，多為弓箭等與戰爭相關的武器，與 p.72 的手持琵琶的辯才天相當不同。面部表情也非一臉柔和，而是正氣凜然的樣貌。

範本

荼吉尼天圖

解説

荼吉尼天為印度食人心臟的神祉 Ḍākinī，之後幻化為大黑天的樣貌，接受大日如來的度化而皈依佛教。今日化身為善神，形象為乘坐白狐的美麗天女。

在日本視同稻荷信仰，但是在伏見稻荷大社供奉的稻荷神為其他的神祉（神社供奉神祉為日本古代女神宇迦之御魂神）。

寺院供奉的稻荷神多為荼吉尼天，著名景點有愛知縣的豐川稻荷（圓福山豐川閣妙嚴寺）。

利益 生意興隆・財運亨通・出人頭地

★・☆…肌膚使用的顏色

畫出狐狸毛流

狐狸用 035 畫出毛流線條。因顏色為白色，即便描繪精緻也不會搶奪荼吉尼天的光彩。

一邊思考毛流線條，一邊用 004 加入陰影。

在陰影也加入 191 141 的藍色系顏色，這樣可以調和整體顏色。

面部表情凜然，頭髮塗成暗藍色

頭髮用 139 159 描繪髮絲線條，用 004 融合完成暗藍色髮色。

面容雖小，卻是最想突顯的部分，需悉心著色。請將色鉛筆削尖著色。

山茶花用 070 080 色。前端加入少許的 491 ，請小心不要塗太多，以免色調過橘。

小建議

荼吉尼天皈依佛教前為惡神，所以表情冷峻。荼吉尼天之類的天部女神多形象華美，請開心著色。

範本

奧田觀稀畫廊

壓克力顏料彩繪的作品

「金龍」340 x 276cm／2018年／壓克力顏料／水彩紙

「合掌觀音」M3尺寸／2018年／壓克力顏料／水彩紙（左）
「白衣觀音」126 x 178cm／2017年／壓克力顏料／水彩紙（右上）
「多羅菩薩」138 x 182cm／2017年／壓克力顏料／水彩紙（右下）

後記

現代科學進步，仍有許多人造訪寺院，拜佛尋求利益與療癒。撇除艱澀的佛理，只須前往寺院參拜，拜見佛像莊嚴的面容，就能讓內心回歸寧靜，精神一振。正因為佛擁有如此不可思議的魅力，才能超越時代受人景仰。

我所描繪的雖是「佛畫」，卻不屬於收藏於寺院中的繪畫，比較偏向「佛教藝術」的範疇。雖說如此也非百無禁忌，我還是希望在不失佛教禮節的情況下，憑藉理解的知識背景，描繪出佛教功德以及佛教存在世間的理由等。

本書雖為色鉛筆輕鬆描繪的著色繪本，但為了避免敘述有誤，邀請高野山真言宗的阿闍梨小瀧宥瑞大師協助監修。小瀧大師為密教僧侶，我經常向他請教許多相關知識。這次也受到他大力協助，讓我深感銘心。

最後我想向購買本書的讀者表達感謝。希望大家能透過本書更親近佛教世界。

奥田觀稀

戋刀泉

裁切線

▼122頁

◆線稿圖3「阿修羅」

裁切線

■作者介紹

奧田觀稀（Miki Okuda）

畫家／插畫家。
利用數位和類比畫法，描繪了「西洋幻想畫」和「和」的兩種世界。
著作有『日本密教神諭卡』（合著）Visionary Company、『TeenAngel Oracle Cards』Blue Angel Publishing『稜鏡天使卡』奧田觀稀個人品牌、『大人的著色繪本　神獸和幸運物篇』、『大人的著色繪本　美麗的佛畫篇』、『大人的著色繪本　歐洲民族服飾篇』以上為河出書房新社等多本著作。

奧田觀稀官方網站：觀稀舍http://mikisya.com/

■監修者介紹

小瀧宥瑞（Yuzui Kotaki）

高野山真言宗阿闍梨。牧野山蓮乘院（神奈川縣相模原市綠區牧野）副住持。
高野山真言宗總本山金剛峯寺剃度。高野山真別處圓通律寺受戒。高野山高等學校宗教科畢業。擔任華道（花道）高野山一般華道老師。高野山大學加行道場大菩提院加行成滿。擔任華道（花道）高野山傳統華道老師。高野山寶壽院道場傳法灌頂入壇完成。高野山大學文學部密教學科畢業。主要以小野方、三寶院流為中心，學習一流傳授。獲得真言神道、野澤三十六流總許可印信。
密教有各種不同的佛，所有的佛都有不同的參拜方式。修行中可認識這些密教的深奧與樂趣，造訪過日本各地傳授會。參加寺社節「向源」。為了讓佛教成為日常生活，積極參與寺院活動或NICONICO超會議等各項活動，藉此接觸佛教。
著作有：『日本密教神諭卡』（合著）Visionary Company

■staff

內容編輯／設計／DTP：atelier jam
封面製作：阪本浩之
編輯統籌：森基子（HOBBY JAPAN）

■協助

Caran d'Ache 株式會社

從著色繪本學習
美麗的佛畫
享受著色的樂趣・加深佛的知識

作　者　奧田觀稀
翻　譯　黃姿頤
發行人　陳偉祥
發　行　北星圖書事業股份有限公司
地　址　234 新北市永和區中正路 458 號 B1
電　話　886-2-29229000
傳　真　886-2-29229041
網　址　www.nsbooks.com.tw
E - MAIL　nsbook@nsbooks.com.tw
劃撥帳戶　北星文化事業有限公司
劃撥帳號　50042987
製版印刷　皇甫彩藝印刷股份有限公司
出版日　2021 年 01 月
I S B N　978-957-9559-55-3（平裝）
定　價　350 元

如有缺頁或裝訂錯誤，請寄回更換。

國家圖書館出版品預行編目(CIP)資料

從著色繪本學習：美麗的佛畫一享受著色的樂趣・加深佛的知識 / 奧田觀稀 著 ; 黃姿頤翻譯.
-- 新北市 : 北星圖書, 2021.01
面 ; 公分
ISBN 978-957-9559-55-3(平裝)

1.佛像 2.繪畫技法

224.6　　109010614

臉書粉絲專頁

LINE 官方帳號